讲台高于一切

教育时报社 编著

中原教育崛起丛书

教育科学出版社
·北 京·

丛书序

做中原教育崛起的发言人

中原崛起，教育为基；中原要崛起，首先教育要崛起。

2007年，《教育时报》在创刊20周年纪念特刊上首次提出了“中原教育崛起”的概念，意即河南教育事业快速、健康、科学发展，为经济社会发展提供强有力的智力支持和人才支撑，助力河南由教育大省向教育强省跨越。5年之后，《教育时报》创刊25周年之际将推出首套丛书，顺理成章地名之为“中原教育崛起丛书”。

《教育时报》创刊于1987年。25年来，这份河南省唯一的教育专业报，围绕省教育厅的中心工作，在河南教育报刊社的统一领导下，始终以高度的责任感和使命感为教育的科学发展鼓与呼，尤其是在近两年的办报实践中，更是明确地将自身定位于“中原教育崛起的发言人”，立足河南、面向全国，立足教育、面向社会，报道教育重大事件，评述教育改革新事，剖析教育热点难点，推出教师先进典型，营造良好舆论氛围，促进教育科学发展。报纸的这一定位得到了各级领导的高度肯定和广大读者的普遍认可。

既然是“发言人”，就一定要发好言，既要及时发言，还要准确发言，充分发挥教育主流媒体的舆论引导作用。在这方面，《教育时报》策划的“三平精神”主题报道无疑是最好的代表。

2010年全国“两会”期间，河南省委书记、省人大常委会主任卢展工提出了最能体现河南人特点的“三平精神”：平凡之中的伟大追求、平静之中的满腔热血、平常之中的极强烈责任感。《教育时报》旋即邀请教育系统的专家，以笔谈的形式在报纸上整版推出了《弘扬“三平精神”，为中原崛起提供智力支持》系列文章。随后，又创造性地提出了“三平教师”的概念，并在新闻版的头版醒目位置开设了《我们身边的“三平”教师》专栏，连续刊发一线教师献身教育、筑基育人的先进事迹。

“三平精神”主题报道开展一个月后，卢展工书记对《教育时报》作出重要批示："教师是一个崇高的职业，这种崇高就是体现在'三平精神'之中。《教育时报》能够从'三平精神'切入，开展对教师这个群体的宣传，以利教育事业的发展和教育对中原崛起的支撑和基础作用的发挥，希望能够持续下去。"不久，一年一度的河南省教育系统师德主题教育活动启动，主题就来自《教育时报》评论员文章的标题——学三平精神，做三平教师。目前这项活动仍在如火如荼地开展，本丛书中《讲台高于一切》一册对其阶段性成果进行了总结。

为了更好地满足读者的专业需要，《教育时报》先后创办了《课改导刊》和《管理周刊》。面向一线教师、教研员的《课改导刊》以"做教师专业成长的助推器"为宗旨；而以教育管理者、校长、班主任等为主要读者对象的《管理周刊》则致力于"做校长和班主任的新智囊"。两张专刊在办好报纸的同时，通过举办一系列活动，在打造中原教育创新发展的中坚团队、构建本土教师脱颖而出的推广平台方面作了许多有益的尝试。

2007 年，《管理周刊》提出了"学校新文化"的概念，倡导构建具有转型意义、重塑教育生产关系、解放教育生产力的教育新秩序，因之而生的"学校新文化发展论坛"迄今已经举办五届。《课改导刊》2008 年启动的"河南最具成长力教师"评选，已经成功举办了三届，不遗余力地把本土那些具有成长潜力的教师推到前台。为纪念改革开放 30 周年而策划的"寻找河南教育变革榜样力量"活动，意在召唤变革精神、普及变革理念、推动教育转型，影响深远。这三项品牌活动的成果，分别在本丛书的《学校新文化解码》《谁是最具成长力教师》《推动教育变革榜样力量》三册中得到了充分的展现。

就这样，《教育时报》在"做中原教育崛起的发言人"的理念引领下，"一体两翼"，立体开发，通过一系列独具专业价值的报道在业界赢得了口碑，同时靠一系列特色活动延伸了服务链条，实现了社会效益和经济效益的双丰收。蝉联三届"河南省十佳报纸"，连获八届"河南省一级报纸"，2011 年 4 月又再次在全国教育类报纸综合质量评比中获得第二名，这些荣誉可以说是对《教育时报》办报质量和发展水平最有力的肯定。

河南之于中国，犹如中国之于世界，因而这套"中原教育崛起丛书"对河南这个全国第一人口大省的教育所做的"一斑窥豹"的梳理和展现，无疑有着样本的研究价值和典型的借鉴意义。

2012 年元旦，《教育时报》将迎来 25 周岁的生日。烛光点亮之际，把前行路上的一些脚印收藏在这套丛书中吧，作为年轻的"80 后"，我们深感任重道远，自会风雨兼程。

编　者

2011 年 11 月

目录

孙阳吉　吴　玲　李松山　王生英　杜广云　孙　晨
郭国良　王格现　王立群　朱慧洁　陈春生
李光国　黄国丽　赵小红　杜聪明　马　宇

序一

001　让“三平精神”在广大教师身上得到最充分的体现

序二

005　把做“三平教师”当做一生的追求

践行“三平精神”的楷模

004　孙阳吉:敢以生命写忠诚
012　吴玲:讲台高于一切
018　李松山:一切为了学生
027　王生英:中国版的乡村女教师
037　杜广云:学校背在媳妇的脊梁上
043　孙晨:缘自爱

学“三平精神”,做“三平教师”

055　学“三平精神”,做“三平教师”
057　平凡是教师的本色,伟大是教师的气质
059　平静成就人生,激情成就伟业
061　光荣在于平常,责任在于担当

目录

张晓晖　张锦文　孙春霞　韩秀梅
刘金凤　王建平　杨　潇　杨丰国
侯宏业　王成章　孔祥鹏　吴龙生　皇甫鸿昌

063　让“三平精神”成为助推教育发展的不懈动力
065　“三平精神”对学校发展的指导意义
067　要树立使命感、紧迫感、责任感
069　立足“三平精神”，用心教书育人
071　为平凡人，立不凡志，创非凡业
073　厚重河南的解读，师德建设的创新
075　让“三平精神”成为教育发展的动力
077　践行“三平精神”，谋划发展大计
079　弘扬“三平精神”重在处理好三个矛盾
082　用“三平精神”塑造健全人格
084　坚守，我和你……
087　平凡的幸福
089　虽路远无轻，愿永不停步
091　用心雕琢灿烂明天
093　只有爱才能赢得最高荣誉
095　理想的教育永远在远方
097　有所作为地关爱留守儿童
099　“三平精神”是师德的信仰支撑
101　做“三平精神”的忠实践行者
103　简单的幸福

孙阳吉　吴　玲　李松山　王生英　杜广云　孙　晨
郭国良　王格现　王立群　朱慧洁　陈春生
李光国　黄国丽　赵小红　杜聪明　马　宇

105　聆听花开的声音

107　轮回的四季,生命的轨迹

109　从教路上我愿做沃土

111　为师当自强

113　教师尊严就在平凡的奉献中

115　做一个幸福的摆渡人

117　幸福从此熙熙攘攘

119　在讲台上,我的心才会平静

121　让爱在奉献中升华

123　愿做绿叶愿做根

125　以“三平精神”提升教师素质

127　选择了远方,就风雨兼程

我们身边的“三平教师”

131　从平凡到伟大,仅有一步

139　一只手撑起的天空

147　从大学讲台到百家讲坛

152　因爱而美丽

158　孩子是小草,我就是春风

160　拄着拐杖送学生回家

目录

张晓晖　张锦文　孙春霞　韩秀梅
刘金凤　王建平　杨　潇　杨丰国
侯宏业　王成章　孔祥鹏　吴龙生　皇甫鸿昌

162　给天使缝补翅膀的人
164　无声世界里跳跃着爱的音符
166　我就是撇不下这些山里娃
168　呵护每一个孩子的心灵
170　爱,以母亲的名义
172　爱教育,说到做到
174　孩子的认可就是幸福
176　比亲妈还亲的“代理妈妈”
178　老师,我想抱抱您!
180　信箱背后的“天使教师”
182　学生们的“猫姐姐”
185　山里的孩子更需要我
187　先做益友,而后才能成为良师
189　爱学生就要把学生培养成才
191　援建的岁月艰苦而幸福
193　我要坚守到退休的那一天
195　52 年,只为鲜艳的红领巾

后记

197　以“三平精神”宣传“三平精神”

序一

让“三平精神”在广大教师身上得到最充分的体现

2010 年 4 月 22 日，中共河南省委书记、河南省人大常委会主任卢展工对《教育时报》的“三平精神”主题报道作出重要批示。4 月 26 日，就如何学习贯彻卢展工书记的重要批示精神，让“三平精神”在全省 129 万教师身上得到最充分的体现，教育时报社记者采访了中共河南省委高校工委书记、河南省教育厅厅长蒋笃运（现任河南省人大常委会副主任，编者注）。

把弘扬“三平精神”与师德师风建设相结合，坚定理想信念，增强工作事业心与责任感，办人民满意的教育

蒋笃运说，教育工作与其他工作的不同之处，首先是教师是育人的，学生人格的形成要靠教师的人格去影响、去塑造。这就要求教师的身上首先要充分体现出“三平精神”。我们常常要求教师要甘于寂寞、肯于寂寞，在和风细雨中用自己的实际行动润物无声地影响学生的品格。卢展工书记提出的“三平精神”内涵深刻，意义深远，对于推进新时期我省教育的改革与发展具有极其重要的意义。“三平精神”不仅是新形势下我省经济社会发展的实际需要，也是教育改革发展的指南针，更是对每个教育工作者的激励和鞭策。

当前，我省教育事业发展既面临难得的机遇，也面临诸多问题和困难。如何抢抓机遇、克服困难、化解问题，推动教育事业持续快速健康发展，解决好思想问题、认识问题、精神状态问题至关重要。可以说，卢展工书记提出的“三平精神”，为我们解决好这些问题指明了方向，提供了最好的载体。

广大教育工作者应以“三平精神”为标准，从坚定理想信念、增强工作事业心与责任感、坚持依法执教廉洁从教等方面，自觉加强师德师风建设，真正以身作则、率先垂范，努力成为无愧于党和人民的人类灵魂工程师。全省广大教育工作者应努力争当“三平精神”的践行者，坚持以德修身、以德施教、以德育人，力行师德规范，锤炼高尚品格，养成良好的职业道德、健康的个性心理和健全的人格，真正做到“学为人师，行为世范”，以丰富的学识和高尚的人格魅力影响学生，办人民满意的教育。

把弘扬“三平精神”与优秀人才培养相结合，为实现河南经济社会跨越式发展提供强有力的人才支撑和智力支持

蒋笃运说，河南有129万人的庞大教师队伍，我一直认为，教师的贡献是任何行业都不能比拟的。我们培养的人才，大至社会精英、国家栋梁，小至家庭骨干、社会劳动者，一旦出现失误，会影响一代人乃至几代人，对个人、对家庭而言则是一生之误、一家之误。因此，教师教学必须严格按照教育规律办事。

实现中原崛起是中央的重要战略部署。按照省委、省政府的部署，河南要由人力资源大省向人力资源强省跨越，实现由经济大省向经济强省跨越，实现由文化大省向文化强省跨越。能否实现这些跨越，关键要看我们能否实现由教育大省向教育强省跨越。卢展工书记曾经提出，我省关键的问题是解决“钱从哪里来”和“人向哪里去”的问题，而“人向哪里去”的关键就是看我们培养了什么样的人才。

科学是求真，艺术是求美，教育是求善。教师是教育的第一资源，承担着全面贯彻党的教育方针的重大责任，在实施素质教育、促进教育事业改革和发展的过程中起着不可替代的重要作用，肩负着努力办好让人民满意的教育的重大使命。广大教师要把“三平精神”作为基本准则，爱岗敬业、关爱学生，以培育优秀人才、发展先进文化和推进社会进步为己任，把全部精力和满腔真情献给教育事业，做爱岗敬业的模范；刻苦钻研、严谨笃学，崇尚科学精神，拓宽知识视野，不断提高教学质量和教书育人本领；勇于创新、奋发进取，踊跃投身教育创新实践，积极探索教育教学规律，努力培养具有创新精神和实践能力的一代新人；淡泊名利、志存高远，自觉坚持社会主义核心价值体系，静下心来教书，潜下身来育人，以人民教师特有的人格魅力、学识魅力和卓有成

效的工作赢得全社会的尊重。

全省广大教育工作者要全面深化对“三平精神”的学习，把握内涵，领会实质，迅速把思想和行动统一到“三平精神”上来，不断提高认识水平，坚定发展的信心，不断提高教育教学质量水平，着力培养造就大量的高素质人才，为加快中原崛起提供强有力的人才支撑和智力支持。

把弘扬“三平精神”与当前的教育宣传工作相结合，在教师队伍和青少年学生中形成良好的舆论氛围

蒋笃运说，2010 年是全国教育改革年，河南也把 2010 年定为教育改革年。我们的工作部署和宣传重点要放在突出改革、突出创新上来。一是要抓好教育教学改革，二是要建设具有河南特色的现代教育制度和改革体制。深化教育改革靠什么？靠广大教育工作者尤其是一线教师充分发扬“三平精神”，增强责任感和事业心，促进我省教育科学发展。

我们要在教师队伍中形成一个良好的舆论导向，让每个教育工作者都能准确地理解“三平精神”的内涵，把“三平精神”化为每个教师的实际行动。

同时，“三平精神”生动体现了社会主义的世界观、人生观和价值观，这对于加强广大青少年思想道德教育有着积极的引领作用。全省各级各类学校要以“三平精神”为重点，对学生深入进行理想信念教育、民族精神教育、道德教育和荣辱观教育，让学生学会做人、学会关心、学会负责任。要把“三平精神”融入各种教育活动之中，培养学生从小树立追求理想、认真负责、清正为人、报效祖国的处世原则，确立正确的人生观、道德观和价值观。

近年来，河南推出了一大批优秀教师典型，让广大教师有了学习的标杆，从孙阳吉、吴玲、李松山，到王生英、杜广云、孙晨，他们的优秀品质和感人事迹，激励了广大教育工作者为教育事业献身的热情。对于耐得住寂寞、乐于奉献的教师，我们教育主管部门尤其是新闻媒体要积极为他们鼓与呼。在这方面，《教育时报》的工作历来做得积极主动，希望能够坚持下去，真正起到“中原教育崛起发言人”的作用。

（原载 2010 年 4 月 27 日《教育时报》，作者：刘肖、郭炳德）

序二

把做“三平教师”当做一生的追求

第27个教师节前夕，河南省“我把青春献给党”师德主题教育活动汇报会暨颁奖典礼在河南师范大学隆重举行。中共河南省委高校工委书记、省教育厅厅长王艳玲出席颁奖典礼并致辞，向全省广大教师致以节日的祝贺。活动结束后教育时报社记者对王艳玲进行了专访。

教育时报：教师是教育事业改革发展的第一资源，在致辞中您对教师角色进行了新的定位，再次强调了教师的重要作用。王厅长，请您就这点具体谈一下吧。

王艳玲：教育是基于人生命的事业，是一项灵魂交换灵魂、心灵呼唤心灵的事业。有好的教师，才有好的教育。教师的确是教育事业改革发展的第一资源。这些年河南教育取得了巨大成就，百万教师功不可没。

我也做过多年高校教师。从“王老师”，到“王校长”、“王市长”，再到“王厅长”，我最感亲切的称呼就是“王老师”。回想起站在三尺讲台上的光阴，我感受最深的就是一句话——教师神圣。这种神圣既包括教师职业的神圣，也包括教师奉献精神的神圣。正是有了这种神圣，教师才得以受人尊重。为学莫重于尊师。作为高校教师，我受到了学生的尊重，我从学生的成长成才中体会到了作为教师的幸福和收获。

教育时报：从去年开始，教育部在全国开展了“全国教书育人楷模”评选活动，我省教师王生英榜上有名。有人说，这个评选活动将我国师德建设提升到了一个新的高度。对此您怎样看？

王艳玲：教育部于2010年8月8日启动的“全国教书育人楷模”评选活动，在全社会营造了更加浓厚的尊师重教氛围。从这个意义上讲，这个评选活动的确将我国师德建设提升到了一个新的高度。可以说，“全国教书育人楷模”是我国1700万人民教师的杰出代表。他们胸怀祖国、情系人民，热爱教育、关怀学生，教书育人、为人师表，甘为人梯、乐于奉献，把满腔热情和全部精力献给了教育事业，彰显了新时期人民教师的理想情操、高尚师德和人格魅力。特别值得一提的是，安阳林州的乡村女教师王生英光荣当选了首届“全国教书育人楷模”，成为我省广大教师师德高尚的杰出代表，也从一个侧面展示了我省师德师风建设取得的优异成绩。

近年来，省教育厅按照“每年开展一次师德教育主题活动，树立一个优秀典型人物，开展一次师德巡回报告活动，开展形式多样的宣传教育活动”的师德建设要求，带领全省教育系统开展了内容丰富、扎实有效的师德建设活动，使全省广大教师队伍建设不断加强，全社会关心支持教育发展的热情进一步高涨。广大教师爱岗爱生、敬业奉献，为我省教育事业的改革与发展作出重大贡献，赢得了党和人民的信赖。

教育时报：师德问题一直是社会最为关心的热点教育话题。您认为，师德最重要的内涵是什么？什么样的教师最受尊敬？

王艳玲：“平凡之中的伟大追求、平静之中的满腔热血、平常之中的极强烈责任感”，省委书记卢展工提出的“三平精神”，是教师理想信念、生活态度、工作责任的充分体现，更是对教师品德修养、情操风范、思想境界的内在要求。

教师是平凡中蕴藏着伟大的职业，教书育人是一个润物细无声的过程。教书是平凡的，但育人是伟大的。教师每天要备课、授课、批改作业，与学生互动、交流，教学相长，相扶相依，最终实现传承文明的目的；教师还要密切关注学生身心发展的各种小事，细致入微，体贴周到，真正让学生在潜移默化中健康快乐地成长。高尚的师德，是对学生最生动、最具体、最深远的教育。

平静思考对教育工作者来说是需要的，但更要富有满腔激情。教育事业是“苟日新，日日新，又日新”的事业，每一天的内涵与主题都不同。教育工作者只有具备极大的热情，才能够拥有诗意般的教育生活。也只有具备了这样的品格，憧憬明天，激情常在，才能用自己高昂的情绪来激励学生，用自己的勃勃生机来鼓舞学生。

缺乏责任感的教育是无力的，没有极强烈责任感的教育工作者是平庸的。一个有极强烈责任感的教育工作者，是一个对教育工作高度负责的人，是一个对学生满怀爱心的人，是一个对自己要求严格的人。作为学生成长的引路人，教师的一言一行无不对学生起着潜移默化的影响。只有对工作高度负责，才会敬业、乐业；只有对学生充满关爱，才能尊生、爱生；只有对自己高度负责，才能律己、自省。只有对工作、对学生、对自己高度负责的人，才会产生崇高的人格魅力。

我认为，能真正将“三平精神”融入工作的每个细节，关注每一个学生、关爱每一个学生的“三平教师”最受尊敬。所有老师都应该把做“三平教师”当做一生的追求。

教育时报：教师是推动教育事业科学发展乃至建设人力资源强省的重要力量。那么，如何建设一支高素质的教师队伍呢？

王艳玲：没有高水平的教师，就没有高质量的教育。能否提高教育质量乃至整个教育事业的成败，从根本上讲，取决于教师队伍的素质。当前我省教育改革发展已经站在了新的历史起点上，中原经济区建设迫切需要教育提供更强有力的人才支撑和智力支持，人民群众对高质量、多样化、个性化教育的需求从来没有像今天这样强烈。努力造就一支师德高尚、业务精湛、结构合理、充满活力的高素质、专业化教师队伍，是一项十分重要和紧迫的任务。

进一步加强、改进师德建设。要开展生动多样、富有成效的职业理想教育、职业道德教育和心理健康教育，进一步增强教师教书育人的责任感和使命感。倡导良好的学术道德和学术风气，弘扬求真、务实、严谨、创新的治学态度和学术精神。把师德表现作为教师资格认定和定期注册、绩效考核、职务聘任、评优奖励的首要内容。

加强教师培养培训。着眼于教师专业化水平的提升，建立职前职后贯通、校本培训和集中脱产培训相结合的教师专业发展机制。加强学前教育教师队伍建设，加大师范院校学前教育专业建设力度。围绕能力建设，加强中小学校教师培训，加强校长、班主任、骨干教师培训，实施农村学校教育硕士培养计划，建立城市、县镇教师到农村学校定期任教制度，提高农村教师整体素质。以“双师型”教师建设为重点，提高职业院校教师素质。以中青年教师队伍和创新团队建设为重点，深入实施人才强校工程，培养大批优秀中青年教学名师和学术带头人，形成一批高水平教学科研创新团队。

健全教师管理制度。严格按照国家要求落实各级各类学校编制标准，配齐配足教师。严格教师资格准入制度和教师公开招聘制度，严把教师入口关。加强岗位设置管理，全面实行教师聘用制，形成充满生机与活力的用人机制。

提高教师地位和待遇。不断提高教师的政治地位、社会地位和生活待遇，使广大教师的积极性、主动性、创造性更好地发挥出来，吸引和鼓励优秀人才长期从教、终身从教。营造良好的社会舆论氛围，使尊师重教的传统美德蔚然成风，让教师成为全社会最受人尊敬、最值得羡慕的职业。

在全社会营造尊师重教的氛围不能离开教育宣传工作。在这点上，作为教育专业媒体，《教育时报》责任重大。《教育时报》创刊已经25年了，在河南的教育宣传中起着十分重要的作用。25年的教育宣传实践很值得总结，但同时也更需要创新。希望《教育时报》今后继续围绕中心，服务大局，创新教育宣传的理念和手段，为全省教育科学发展营造良好的舆论氛围。

卢书记指出，教育是基础，教育是支撑，教育是民生，教育是后劲，教育是形象，教育是未来。中原经济区建设为河南教育提供了难得的发展机遇。广大教师应当志存高远、严谨笃学，爱岗敬业、教书育人，为人师表、无私奉献，努力培养适应社会主义现代化建设需要、具有创新精神和实践能力的一代新人，为推动我省由人口大省向人才大省、人力资源强省转变，为全面建设中原经济区、加快中原崛起河南振兴作出新的更大贡献！

（原载2011年9月30日《教育时报》，作者：侯军锋、杨晓谜、常启武）

践行“三平精神”的楷模

2003年以来，河南省教育厅定期开展全省性的师德标兵、师德先进个人评选表彰活动，先后组织开展了向孙阳吉、吴玲、李松山、王生英、杜广云、孙晨等同志学习的活动。在这些师德楷模身上，凝聚着“平凡之中的伟大追求，平静之中的满腔热血，平常之中的极强烈责任感”的“三平精神”；在这些师德楷模身后，是千千万万河南教育工作者的爱岗敬业、埋头苦干的坚毅和追求。

孙阳吉

楷模轨迹：1950年7月生于河南辉县，1969年4月，在济南军区守备27团服役。1981年10月，孙阳吉转业，历任河南职业技术师范学院校医院放射医师、副院长，院总务处主任科员，校医院院长，院后勤管理处副处长兼校医院院长。2003年5月12日，在抗击非典的一线以身殉职。

楷模荣誉：中共河南省委追授孙阳吉为“优秀共产党员”。省委高校工委、省教育厅党组联合下发文件，在全省教育系统开展向孙阳吉同志学习的活动。

楷模语录：咱累点辛苦点不要紧，学生没事儿就好，有事咱负担不起啊！这不到300亩地的校园里“圈”了万把名学生，你说我能放心吗？

孙阳吉：敢以生命写忠诚

护士节，他倒在办公桌前

天亮得越来越早了，不到6点，窗外已渐渐发白。像往常一样，孙阳吉早早地醒了，他轻手轻脚地穿好衣服，走出了家门。

赵振风睁开眼睛，不见了孙阳吉的身影。她起身到厨房，打开冰箱看了看，知道丈夫又是没吃早饭就走了。

8时整，院党办值班员收到孙阳吉的电话报告：一、无外来人口；二、解除疫情人员4人；三、高烧38℃以上4人，排除非典症状。

8时05分，听了头天晚上夜班医生的工作汇报后，孙阳吉关切地说："这段时间大家都很辛苦。赶快回去吃饭吧，好好休息。"

接着，孙阳吉与副院长商议医院本周的工作。8时18分，副院长离开了孙阳吉的办公室。

这天是2003年5月12日——国际护士节。8时45分，学院党政领导到校医院慰问医护人员。合影时，院党委朱海风书记还问："孙院长去哪儿了?"

中午12点多，赵振风回到家，丈夫还没回来。自从防控非典以来，孙阳吉就很少准时回家，赵老师也没感到意外，自己泡了碗方便面。

快13点了，赵老师打孙阳吉的手机，没人接；打到医院，值班的同志说没见他；打到车队，陈队长说他没要车……赵振风去医院敲他的门，锁着。

党办的牛锁迎面走来，到护士班拿了个小方凳，赵老师站在上面往窗户里看。

"孙阳吉在屋里呢!"随着这一声变了腔调的话，赵振风沿着墙角瘫倒在地上。牛锁上去一看，孙阳吉院长坐在办公椅上，头向后歪在一边，左手握着话筒，一动不动……此时，是12时59分。

不好！出事了！牛锁一边喊“快打120！”一边用力地把门踹开，赵振风大哭着扑向丈夫……

13时05分，朱海风书记、严全治院长等赶到现场。人们手忙脚乱地抢救起来，哭声一片。

13时20分，120急救中心的医生赶到，现场抢救了一个多小时。然而，心电监护器上的曲线，挣扎着，挣扎着，最终变成了一条平直的红线……

河南职业技术师范学院后勤管理处副处长兼校医院院长孙阳吉同志，于2003年5月12日14时40分停止了呼吸。他眼睛睁着，桌上还摊着一份没有填完的报表。在自己的办公室，在抗击非典的一线，孙阳吉走完了他53年的人生历程。

抗击，在没有硝烟的战场

花红草绿，校园里的垂柳随风荡漾。又是一个多么好的春天啊！

如果不是非典，孙阳吉心脏手术后一年，应该去北京复查了；如果不是非典，他又扛起渔竿儿沉醉于碧波之间了。令人痛恨的非典像一只黑手，一下敲碎了这个春天。

但是，面对一场突如其来的灾难，面对这场没有硝烟的战争，孙阳吉眼都没眨就迎了上去。

2003年4月9日，学校成立防非典领导小组，作为后勤管理处副处长兼校医院院长，孙阳吉成为其中重要一员。从此，他伏案拟订防非典预案，紧急编写宣传材料，给所有辅导员、学生干部和一些院系讲解防非典知识；背起药箱和工作人员一起到宿舍、食堂消毒，到县里采购回中药为全院师生配制汤剂，监督煎熬，照看万余名学生服用；四处奔波买回体温表，手把手地教学生测量；设立发烧门诊接诊、转移病人，每天按时报告全院师生的身体状况和防非典动态……没日没夜的忙和累死死地缠住他，再也没让他脱身。

4月22日，对孙阳吉来说，是平常、燠热而漫长的一天。前夜在网上查防非典资料，写服药注意事项，上床天都快亮了。6点多又匆忙起来，擦把脸就往办公室赶。“你又不吃饭了？”赵老师边说，边拉开冰箱抓出一袋牛奶塞进他口袋里，“要热了喝啊！”“好，好！”他心不在焉地答应了一声。

晨检情况要报；给全院师生喝的4吨多中草药要分拣、煎熬、送乳制品厂装袋，再运回学校分发；医院向他汇报，他向学院汇报，电话响后手机响，一个上午眨眼就过去了。

“乳制品厂装药袋有漏药现象……”一听运药医生打来的电话，他急了：“都拉回来回锅消毒，小心二次污染！”为不耽误学生次日服药，车到伙食科门前还没停稳，他就跳上去和大家一起返工：剪开袋子，把药倒到桶里，再抬到厨房的大锅里加热。装满药袋的卡车也就巴掌大块地方，10 个人挤在闷热的车厢里，一干就是几个小时……

爱人打手机让他回家吃饭，他对着手机喊：“大家都在忙，我哪有空吃饭！”

凌晨 1 点多，车将汤药再送回乳制品厂，他才撑着肿了的双腿站起身来。一摸，早晨的牛奶还在，也热了——是汗水和体温暖热的。

因学校所在地新乡市已有一个非典确诊病例，全院 1.5 万多名师生的安危更拴紧了孙阳吉的心。自从校医院设立发烧门诊以来，他每天都亲自给病人诊断，拍胸片，开处方，并反复叮咛医护人员：“谨慎再谨慎，小心再小心！不敢出半点差错！”从 4 月 21 日设立发烧门诊以来，医院共接收发烧病人 148 名，经他亲手诊疗的就有 120 人，从未拒诊、误诊过一个病人。

4 月 30 日，在孙阳吉的带领和感召下，校医院的 9 名党员向学校党委递交了抗非典志愿书。志愿书上写道：“我们是共产党员，又是医务工作者，在学院抗非、防非的关键时刻，我们积极请愿，一切服从大局，听从安排，带头执行学院的各项规定，对工作认真负责，越困难、越危险的地方，我们就越是要去，永远战斗在抗非第一线，为学院抗非、防非取得全面胜利贡献一切。”工作中，凡是有困难的地方就有孙阳吉的身影，凡是最关键的时刻他都冲锋在前，凡是最艰苦的环境他都身先士卒。

5 月 8 日，园艺系 2002 级（4）班学生高云发烧，到校医院一拍片，发现肺部有阴影。孙阳吉当即护送他到新乡医学院三附院观察治疗，并迅速向朱海风书记报告。他下午 4 点到三附院了解病情，得到“不排除非典”的答复，赶回来再向领导汇报，并打电话到市中心医院和传染病医院，向专家询问病情。因没得到肯定答复，晚上 7 点多，他独自一人又摸到三附院。往返于学校和医院之间，几次爬上爬下 9 层高楼（当天学校电梯出现故障），直至解除对高云的非典怀疑后，他才捂着胸口，脸色苍白地笑了。

孙阳吉身患心脏病、糖尿病、高血压，2002 年 5 月 22 日在北京阜外心血管医院做了心脏搭桥手术，换了二尖瓣和三尖瓣，做了三条心脏搭桥。大手术不到一年，需要保养和休息，院领导和同事们多次劝他注意身体，他总是那句话："我没事儿，不要紧。"

2003 年 4 月 28 日上午，看到孙阳吉胸闷气喘，潘小郑医生给他做了心电图，结果是"心律每分钟 135 次，快速性房颤，心肌供血不足，心力衰竭，需马上住院治疗"。"只是有点累，睡一觉就过来了。"他淡淡地说。下午心慌得厉害，腿、脸都肿了，他才让护士给他注射了西地兰和速尿强心针，并反复交代"对谁也别说"。

病痛需要他每天成把地吃十几种药。怕他忘了吃，赵老师先把药分类包好，写上早、中、晚，放在床头，结果是忘。后来放到碗边，还是忘。再后来给他放在办公桌上，仍然忘……

医院，永远是他的家

2003 年 5 月 14 日，记者走进孙阳吉的家。客厅里临时设了个灵堂，大大的"奠"字下面，是孙阳吉同志的遗像，目光亲切而安详。

1950 年 7 月，孙阳吉出生在河南省辉县的一个小村庄。1969 年 4 月，应征入伍，在济南军区守备 27 团服役。1970 年 5 月，孙阳吉光荣地加入了中国共产党。接下来在济南军区卫生学校放射专业学习的两年，为他终生追求的医学事业奠定了基础。

1981 年 10 月，孙阳吉转业回到家乡，在百泉农专校医院任放射科医士。百泉农专升格更名为河南职业技术师范学院后，他到学院工作，历任校医院放射科医师、副院长，院总务处主任科员，校医院院长，院后勤管理处副处长兼校医院院长。2003 年 4 月 9 日，成为学院防非工作领导小组重要一员。

在孙阳吉的主持下，校医院一年 365 天中夜里、节假日都有人值班，这对广大师生员工在心理上是一个极大的安慰和支撑。多次危重病人的抢救治疗，孙院长都是亲自过问、直接指挥。2001 年 11 月 19 日，生命科学院院长李友勇因药物过敏引起血小板减少，情况危急，从入院到转院仅用了一天时间。病人不乐意转院，孙院长一边做他的思想工作，一边果断地安排车辆和人员护送。接收医院的大夫说："你们的医生素质高呀！转院非常及时，稍微拖一拖，病人就很危险了。"

在长年的工作实践中，孙阳吉深深地意识到，高校医院有自身的特点，加强大学生健康教育和心理咨询工作十分重要。仅 2000 年，他就在学校先后安排健康教育讲座 60 多次，听课学生达 4000 人次。他还在学院连续主持了 4 届大学生健康知识宣传周活动。这在全省高校尚属首次，受到普遍肯定。

神圣的责任感，高超的业务水平，崇高的敬业精神，长年辛勤的劳动，使得孙阳吉获得了广泛的赞誉。1984 年、1988 年、1990 年，他被评为院优秀共产党员；1990 年 12 月，荣获“河南省学校卫生协会卫生保健先进工作者”称号；1994 年、1995 年年度考核为优秀……孙阳吉曾当众宣布：“从 1995 年起，一切先进我都不当了，但我会一如既往地工作。”他是这样说的，也是这样做的。

在学校，从领导到学生，谁都说孙阳吉是个好人。可爱人赵振凤对他却并不满意。原因只有一个：孙阳吉心里装的只有医院，几乎没有家。

不是医院的事，孙阳吉一般不出校门。他基本不买新衣服。赵老师要给他买，他总是不要，说“有穿的”。给他买了块布料，叫他去裁缝店量尺寸，他又说“没时间”，结果放了几年都没做。2003 年 3 月，校医院到百泉镇石莲村为当地老人义务体检。有村民指着孙院长笑，没想到大学里的医生，裤子上居然有个窟窿！

一个星期天，赵老师总算说服丈夫一块儿上街，想逛逛商场。路过一家药店，他不假思索地拐了进去。看到一种新型的煎药锅，他就详细地询问性能、用法、价格，还要了厂家的联系电话。他对赵老师说，校医院如果能配置这样的设备，学生们吃中药就方便多了。

有一天，赵老师发现家里的稳压器不见了，以为家里来了小偷。可再看看，别的东西都没丢。在校车上，她问丈夫稳压器咋没了。孙阳吉说拿医院去了。赵老师就说：“人家都是从单位往家拿东西，咋到你这儿反过来了？”引得一车人哈哈大笑。有人说：“这才是共产党员哩。”赵老师也笑了：“按你说，这证明我没找错人？”

家里要买洗衣机，赵老师跑了几家商场，选中了一种全自动的。赵老师想征求丈夫的意见，就一再央求他：“你去看看呗，看中不中。”好说歹说，孙院长总算去了，看也没看就说“中”。全自动洗衣机就是方便，有一天孙院长说：“啥时给咱医院也买一台吧。”

“我经常对老孙说，你心里只有医院，根本没这个家，你干脆去跟医院过吧。”赵老师用手捂住了眼睛，哽咽着，“现在我可后悔说这话，他最终还是死在了医院里……”

老孙，你好好歇歇吧

3 个多小时的座谈会都是哭哭停停。

后勤管理处处长路太峰：一开始给学生分汤药的时候，现场人多又乱，有些同学觉得多喝点保险，盛了一碗又一碗。阳吉急得大叫："不能多喝！"看到用暖水瓶打药的，他扯住就喊："不要放到明天！"那几天他的嗓子都是哑的……

校医院副院长陈晓生：孙医生家住三楼，有一阵儿他每上一层楼都要停下来喘口气。那天他在校门口等从乳制品厂回来的车。我说："我来等吧。"他说："你不认识他们，快回家歇着吧，明天还一堆事儿呢。"他拿着手机一直站在桥上，满脸疲惫，头发很乱。

校医院女医生何茶叶：他心地善，为人好，我们平时从没叫过他院长，都喊孙医生。8 号晚上我值夜班，第二天早上他一见到我就说："你发烧刚好，行不行？不行就别撑了。"可他自己……

校医院收费员吴德林：他几次对我说："德林啊，咱累点辛苦点不要紧，学生没事儿就好，有事咱负担不起啊！这不到 300 亩地的校园里'圈'了万把名学生，你说我能放心吗？"

在恶魔般的疫情面前，他心急如焚：和院领导一起开会研究校园封闭方案，正说着他就忽地站起来；到牧医系抬透视机，早晨 5 点多他就去敲人家的门；吩咐医生去买 20 件防护服，人家答应明天去办，结果下午他就把衣服抱回来了；一接到有发烧学生的电话，他饭碗一扔，起身就走……

在千头万绪的工作中，他又心细如发：给园艺系讲防非典知识，还要跟党总支书记再落实一下；才写的《家庭过氧乙酸消毒注意事项》，还得再加上一条；百泉校区医护人员少，明天我还得去一趟；护士节往年都是每人 20 元奖金，今年同志们辛苦，给 30 元吧。

忙，像轰炸机，摧毁着生命的每一根支柱；累，像无孔不入的水银，灌注着肉体和心灵。压力太大，已超出"三搭桥"的心脏所能承受的极限，生命之弦绷得太紧，便有了"嘣"的一声……

为抗击非典，孙阳吉牺牲在工作岗位上。噩耗传来，全院上下一片悲痛。院党委立即作出了追授孙阳吉同志为"优秀共产党员"的决定，号召全院党员干部、师生员工向他学习，并将其事迹上报省教育厅等有关部门。

河南省委高校工委书记、省教育厅厅长蒋笃运，省委高校工委副书记、省教育厅副厅长訾新建等领导，闻讯立即赶往学校，向孙阳吉的家属表示深切的哀悼和慰问，送上 2000 元慰问金，并当即作出决定：省委高校工委、省教育厅党组联合下发文件，在全省教育系统开展向孙阳吉同志学习的活动。省委副书记王全书、陈全国，副省长贾连朝等领导对此事作出指示和批示，并号召全省广大党员干部学习孙阳吉同志恪尽职守、忘我奉献的精神，万众一心，夺取抗非典斗争的最后胜利。

2003年5月16日上午，河南省委组织部常务副部长王笑南，代表省委、省政府赶到新乡市殡仪馆，参加了孙阳吉同志遗体告别仪式。河南省委高校工委书记、省教育厅厅长蒋笃运参加追悼会，并向孙阳吉同志敬献了花圈。

5月16日下午，中共河南省委决定，追授孙阳吉同志为“优秀共产党员”。

“孙副处长，你可以放心走了，学院会发扬不甘示弱的优良传统，打赢这场没有硝烟的战役。后勤管理处全体职工都已向党支部递交了决心书，人人争着要到第一线。”

“孙院长，你放心走吧，校医院党小组成员集体写下了志愿书，全体医护人员没有忘记你在世时与大家一同立下的誓言。”

“孙医生，别再操心了，所有的事儿都已分工到人，救治不会耽误一名师生，预防不会出半点儿差错。那最后几块防非典展板也订做好了，小郑明天就去取；高云在三附院治疗，病情已明显好转。”

“老孙啊，好好歇歇吧，你实在太累了……”

其实，回过头来想，孙阳吉作为一名既懂医术又了解自己病情的医生，他最知道这样拼着命干的后果，但在灾难降临校园之时，他挺身而出，别的就全然不顾了。

单薄的身躯里，包着一颗勇敢的心。

平凡的岗位上，成就了英雄的伟业。

在没有硝烟的战场上，在抗击非典的战斗中，孙阳吉用宝贵的生命，写下了对党、对祖国、对人民、对教育事业的无限忠诚！

（原载2003年5月17日《教育时报》，作者：刘肖、陈强）

吴　玲

楷模轨迹：1993 年，在开封教书 20 多年的吴玲，调到郑州二十二中。在郑州二十二中的 11 年间，她把自己对学生、对同事、对工作无比赤诚的热爱，刻进了学校每一位师生的记忆里。2004 年 7 月 11 日，吴玲因病去世。

楷模荣誉：2004 年 9 月 4 日，国务院总理温家宝作出重要批示："中学教师吴玲事迹感人，应该广泛宣传。"9 月 8 日，时任河南省委书记的李克强就如何宣传吴玲同志的事迹和开展学习活动提出了明确要求。同时，河南省人事厅、教育厅追授吴玲"河南省优秀教师"荣誉称号。省教育厅党组作出决定，号召全省教师向吴玲同志学习。

楷模语录：作为一名人民教师，我们没有权利挑选学生，无论他是胖还是瘦，是鲜花还是小草，只要他坐在我的教室里，就是我的孩子，我就要对他的终生负责。

吴玲：讲台高于一切

一位普通教师的离去，使得郑州二十二中淹没在一片悲痛之中。

这位教师名叫吴玲，在郑州二十二中的11年间，她把自己对学生、对同事、对工作无比赤诚的热爱，对教育事业毫无保留的奉献，留在了学校的每一寸土地上，刻进了学校每一位师生的记忆里。

2004年7月11日，吴玲因病去世。7月14日，郑州二十二中召开座谈会，回忆吴玲的音容笑貌，谈起与吴玲一起工作的经历，很多教师泣不成声。老教师张勤自吴玲进校就与她共事，两个人工作上配合默契，感情上亲如姐妹。她流着泪告诉记者，她一直感觉吴玲没有走，只不过是讲课讲累了，离开大家的视线稍作休息罢了。

第20个教师节到了，我们更加怀念这位好教师。

“绝不能放弃任何一个学生”

1993年，已经在开封教书20多年的吴玲，结束了两地分居的生活，调到郑州二十二中教数学课，并先后担任班主任、年级长。

郑州二十二中位于市区西南的城乡结合部，学生大多是附近都市村庄的子弟和农民工子女。不少学生要么知识基础薄弱，流动性大；要么缺少学习动力，纪律意识不强。对这些孩子，吴玲要求很严格，也付出了更多的爱。11年来，凡是和吴玲接触过的学生，都有这样的感受：吴玲是一位严师，更是自己的亲人。

在1997届学生张娜的记忆里，“早上5点多一点儿，吴老师就到了学校，挨个喊我们起床、出操。白天，她和其他老师一样，备课、上课、批改作业、找学生个别谈话；晚上熄灯后，她要看到我们都睡了，并替一些同学盖好被子后，才拖着疲惫的身子回家。这个时候，一般都是晚上11点多了。每天如此，吴老师的腿都累肿了，一按一个坑儿”。

张娜是一个品学兼优的学生，初中二年级时父母离婚，这给她心灵带来很大伤害，她感觉生活再也没有了任何意义。吴老师发现她的反常表现后，多次找张娜谈心，对她说：“孩子，以后你就把老师当成妈妈吧。”在那段时间里，吴老师成了张娜的精神支柱，帮助她克服了学习、生活、心理上的各种困难。后来，喜欢英语的张娜一不小心把心爱的复读机给弄丢了，吴老师就把自己儿子的复读机送给了她……已经是大学生的张娜直到现在还珍藏着那个复读机，作为对吴老师永远的纪念。

吴玲对待学生，不但在学习上尽心尽力，在生活上也关怀备至、体贴入微。她有一个习惯，每天早晨都要买一些早点带到办公室，给那些顾不上吃早饭的学生吃。“那一年我们都住在学校。端午节晚上，我们正感到孤单的时候，吴老师来了，还给我们带来了好吃的粽子。她的儿子和我们年龄差不多，据说因为没有人照顾，经常一个人被关在家里，很早就学会了自己做饭。”张娜回忆道。

在老师们的印象中，吴玲关心优秀学生，更偏爱那些调皮的后进生。她经常说的一句话是：“绝不能放弃任何一个学生。”学生的问题不解决好，吴玲绝不会撒手。有的学生把吴玲气哭了，她擦干眼泪，还去找那个学生谈心。

一天上课时，吴玲发现一名平时爱泡网吧的学生的座位空着，就和他的家长联系，家长说他不在家。吴玲知道，这个孩子又去网吧了。下课后，吴玲从别的学生那里知道了这名学生的网名和QQ号，在学校办公室上网和这名学生取得了“联系”。等吴玲从一家网吧找到这名学生时，已经是晚上11点多了。吴玲劝他回家，他就是不走，还把吴玲的自行车一脚踹翻在地。周围的人看见一个大小伙子欺负一个中年妇女，非常气愤，要打他。吴玲说：“这是我的孩子，和我怄气呢。”一句“这是我的孩子”，让这名学生乖乖地从地上扶起吴老师的车子，顺从地跟着她走了。把学生送到家，吴玲又苦口婆心地给正在生气的家长做工作，让他保证不打孩子。等她回家时，已经是第二天凌晨1点了。

经过反复做工作，这名学生终于改正了缺点。他把对吴老师的感激与敬爱转化成学习的动力，成绩很快上去了。后来，他参了军，还入了党。就这样，在吴玲的辛勤浇灌下，一棵又一棵“弱苗”恢复了生机，长成了栋梁之才。

吴玲经常对同事说：作为一名教师，我们没有权利挑选学生，无论他是胖还是瘦，是鲜花还是小草，只要他坐在我的教室里，他就是我的孩子，我就要对他的终生负责。就像王尔德笔下《快乐王子》里的那只小燕子，为了她的学生、她的同事和她钟爱的工作，她一次次放弃了飞往南方过冬的机会，直到生命的最后一刻。

“她是一个追求完美的人”

吴玲是高级教师，有30多年的教龄，她丰富的教学经验、娴熟的育人技巧，常常令郑州二十二中的新老教师叹为观止，但吴玲从没有因此自满。尽管教材已经讲了不知多少遍，早已烂熟于胸，吴玲还是像第一次翻开课本一样对待每一节课。备课、上课、批改作业……都一丝不苟，从不马虎。

李云山是吴玲的老同事，吴玲曾多次对他说，一位教师只有不断学习，对工作、对学生认真负责，才能无愧于自己的良心，“我至今还是不备课不敢进教室”。

在吴玲的心目中，三尺讲台是传承华夏文明、培养祖国人才的圣地，代表的是一种责任、一种光荣，它的位置高于一切、分量重于一切。一个人选择了教师职业，只能选择完美、选择奉献、选择牺牲，否则，就愧对三尺讲台。

吴玲以自己生命的每一天，实践着自己的人生信念。

2003年4月，吴玲身体腹部出现硬块，同事劝她赶快去医院检查。接替吴玲任年级组长的李君彩老师记得很清楚，那天是4月12日，星期六，吴玲向同年级的老师布置了工作，交代很多事情后，才去医院。

检查结果，是卵巢癌！

14日，吴玲住进了河南省肿瘤医院。16日，做肿瘤切除手术。

住院期间，吴玲仍然放不下学校工作。和她一个办公室的张银燕等老师去看望她时，她第一句话就是对数学教研组组长说：“你们可得帮帮她（接替吴玲教数学的新老师）啊，千万不能让那个班的成绩下来了。”她一边治疗一边备课，每有同事、学校领导来看她时，她都说，这回休息了这么长时间，可有机会把这些年来的教学经验认真总结一下、梳理一下了。

2003年10月，做了手术，接受6个疗程的化疗后，吴玲的病情有所好转。她马上找到校长李素萍，要求继续给学生上课。李校长不同意，劝她在家里休养身体。她恳求道：“每月拿着工资、福利，为学校不做一点事，我于心不安。校长，您就权当是照顾我，给我安排点事做吧。”

无奈，李素萍让吴玲去了学校图书馆的阅览室，同时安排另一位老师协助吴玲工作。出乎李素萍的意料，在这个清闲的岗位上，吴玲并没有清闲下来。到阅览室的第一天，她就把图书馆、阅览室所有的窗帘取下来，带回家洗了一遍。每天，她都早早地来到学校，把阅览室每一扇窗户、每一把椅子都擦得干干净净。此后一段时间，她拖着虚弱的身体爬上爬下，把阅览室积存多年的图书整理归类，贴上标签，定期向老师和学生推荐优秀书刊；将学校往年订的杂志、报纸装订成册，以方便师生阅读、查找资料。她还组织学生成立了“逸兴书社”，互相交流读书体会。为了给阅览室增添一些绿意，吴玲还把自家养的几盆花搬到阅览室……

“吴玲的工作，让你挑不出一点毛病。她是一个追求完美的人。”李素萍这样评价吴玲。

“她的眼睛在注视着我们每一个人”

2004 年 3 月，回学校坚持工作的吴玲旧病复发。学校组织女教师体检时，她被查出有腹水，再次住进医院。做手术时，医生发现，她的腹腔内已经满是恶性肿瘤……

在吴玲生命的最后日子里，郑州市教育局、郑州市二七区教文体局的有关领导，她在开封三十三中的老同事，郑州二十二中的师生，纷纷前去看望这位为学校、为学生鞠躬尽瘁的教师。很多已经参加工作、上了大学的学生也闻讯赶来，轮流守护在敬爱的老师身边，为老师买药喂药、擦洗身体。学生张娜甚至说：“只要能让吴老师多活一天，让我做什么都愿意。”

然而，所有的祈祷和爱心，都没有能挽留住吴玲。7 月 11 日，吴玲安详地闭上眼睛，永远离开了她挚爱的学生、她挚爱的学校。

吴玲在病床上做的最后一件事，是托同事把一封信转给她所教的初中二年级五班和六班学生，信中写道：“……党楠同学最近进步很大，要继续发扬……同学们要听新老师的话，为班级争光。班上 × × 同学和 × × 同学，要懂得控制自己，少去网吧。最近出了一本很好的书《爱，你准备好了吗》，很适合同学们阅读，要想法找到，作为这一段时间的课外阅读材料……”学生们看到这封信时，忍不住失声痛哭。

吴玲走了，把宝贵的精神财富留给了她的同事和学生，留给了这个世界。她的高尚师德和敬业精神，正在鼓舞和激励着越来越多的教师教书育人、奉献社会。7月24日，中共郑州市教育局党委发出了向吴玲学习的通知，要求全市教育系统共产党员和全体师生学习吴玲高尚的道德情操、忘我的工作精神和扎实的工作作风。

9月4日，国务院总理温家宝作出重要批示："中学教师吴玲事迹感人，应该广泛宣传。"

9月5日、7日，国务委员陈至立、教育部部长周济先后作出批示，落实温家宝总理指示。周济建议教育部党组作出决定，号召全国教师向吴玲同志学习。

9月8日，河南省委书记李克强、副书记王全书、副省长贾连朝，先后就如何宣传吴玲同志的事迹和开展学习活动提出了明确要求。王全书、贾连朝和省教育厅以及郑州市委、市政府的领导专程到吴玲工作过的郑州二十二中召开座谈会，并到吴玲家中看望、慰问其家属。

同时，河南省人事厅、教育厅追授吴玲"河南省优秀教师"光荣称号，并将吴玲事迹上报教育部，希望追授吴玲"全国模范教师"称号。省教育厅党组作出决定，号召全省教师向吴玲同志学习。

郑州二十二中的马晓兰老师，曾经得到了吴玲很多工作和生活上的帮助。她说，"讲台高于一切、重于一切"，是吴玲留给我们的宝贵精神财富。怀念吴玲，学习吴玲，最好的方式是把自己的工作做得更加出色，只有这样，才无愧于吴老师的教诲与期待，"我感到，她的眼睛在注视着我们每一个人"。

在郑州二十二中，记者特意去看了留下吴玲最后足迹的学校阅览室。阅览室里很干净、很安宁，像是吴玲刚刚打扫完卫生、刚刚离开这儿。窗前，那盆绿意盎然的吊兰，似乎仍然期待着一双充满母性的手来浇灌……

（原载2004年9月9日《教育时报》，作者：于刚）

李松山

楷模轨迹：中共党员，1955年2月生于项城市丁集镇，1971年参加教育工作，教过小学，教过初中。1987年，他调入项城一高，先后任学校政教处主任、副校长。2004年10月19日，他因积劳成疾，心脏病突发，倒在了校园里，年仅49岁。

楷模荣誉：全国优秀教师；项城市教育局、中共项城市委宣传部、中共周口市教育局党组、中共周口市委宣传部、中共周口市委、中共河南省委高校工委、河南省教育厅先后作出了开展向李松山老师学习活动的决定。2006年1月，李松山被评为首届河南十大教育新闻人物。

楷模语录：教师职业是苦的，但苦中之无穷之乐，乐中之无穷之趣，是碌碌无为者无缘分享的：启愚化顽，学习转化之乐；教改辛苦，苦尽甘来之乐；造福桑梓，慰师谢教之乐；桃李八方，来鸿千里之乐；学境至极，世人钦慕之乐……精神境界的丰收，比什么都快乐！

李松山：一切为了学生

他给我们的是这样的爱：清凉而纯净，像雨露，滋润着每一位学生的心田。

他给我们的是这样的爱：深深地渗入生命，像汁液，流遍生命之树，使每一个学生都能开花结果。

——他的名字，叫李松山。

——摘自网络“李松山老师纪念馆”留言

2005 年 8 月 15 日下午 6 点多，河南省项城市第一高中的校园静悄悄的。在教学楼前，刘玉真老师遇见已经接到浙江大学录取通知书的毕业生崔永丽。崔永丽说：“马上要去大学报到了，我想来学校再和李校长说说话。”

坐在教师办公室的电脑前，崔永丽打开了网上的“李松山老师纪念馆”。她一幅一幅地看着李松山老师的遗照，一页一页地看着同学们、老师们纪念李老师的文章、留言，泪水禁不住又一次流了下来。

李松山，中共党员，项城一高原副校长。2004 年 10 月 19 日，他因积劳成疾，心脏病突发，倒在了校园里，年仅 49 岁。从教 33 年，李松山以校为家，爱生如子，学生敬之如父、亲之如兄。他逝世后，项城各界成千上万人为他送行，市区内哭声震天、菊花脱销，他的学生因悲伤而昏厥，他的老师在其灵前行礼表示敬意……

第 21 个教师节就要到了。这是李松山去世后的第一个教师节，人们没有忘记这位可亲可敬的老师。2005 年 8 月 31 日，项城一高召开纪念李松山老师座谈会，记者专程赶去采访。

尽管斯人已逝将近一年，可说起李松山生前对事业痴情的奉献、对学生无私的关爱和对同事热情的帮助，不少老师、学生还是禁不住潸然泪下，仿佛又看到了他尽管驼背却依然高大的身影，听见了他高亢洪亮、激情洋溢的话语……

为了一切学生

李老师身上集中体现了勤恳、认真、耐心，还有爱，并且已经升华成为至高无上的责任感！这种责任感牢固根植于他的心中，融入他的血液，支配他的行动，伴着他匆匆的脚步走完短暂的一生。

——项城一高 1991 届毕业生霍东林

李松山 1971 年参加教育工作，教过小学，教过初中。1987 年，他调入项城一高，先后任学校政教处主任、副校长。无论是在农村薄弱学校，还是在市区重点高中，也无论是作为普通教师，还是作为学校领导，他没有偏爱过任何一个学生，更没有放弃过任何一个学生，而是以百倍的爱心、细心、耐心，去关心、帮助那些家庭经济拮据的贫困生，鼓舞、激励那些学习成绩不尽如人意的“差生”，让他们昂起自信的头颅、鼓起进取的风帆。

郑州大学医学院副教授田凤兰是 30 多年前李松山教的第一批学生。她告诉记者：“在丁集镇中学，从初一到高二，李老师教了我整整 5 年。我小时候身体不好，一请假，李老师就骑车跑好几里路到我家给我补课，就是刮风下雨也不耽误。很多农村学生家里穷，李老师总是不声不响地替他们垫书杂费。一些农村家长重男轻女，不让女孩子上学，李老师就一次次上门做工作。看到老师这么操心，哪一个家长还好意思不让孩子上学呢？”

尤其让田凤兰难忘的是，为了让同学们养成按时完成作业的习惯，李老师常常在中午放学后把班里几个调皮的孩子留在学校辅导他们做作业，并买来烧饼让他们吃。那时，农村人只有在过年的时候才能吃上白面馍。这几个孩子的家长知道后说：“李老师一个月工资就那几块钱，自己一分钱都不舍得花，却给你们买烧饼。你们再不好好学，咋对得起李老师啊！”

因为一种父女般的情谊，因为发自内心的感恩与感动，项城一高学生种美珠称李松山为“精神上的爸爸”。从初中升入高中，因为一时不能适应，美珠的成绩急剧下滑，从昔日老师和同学眼中的白天鹅变成了可怜巴巴的丑小鸭。高二开学第一天，李老师上的第一节课鼓起了种美珠的自信和勇气。“李老师说，升入高二，就意味着我们要从一个新的起点起飞。高一失败了，这不可怕，高二还有整整一年呢。‘看成败，人生豪迈，只不过是从头再来！’”

今年66岁的项城一高退休教师于保真说：“李松山这人社会责任心太强，对那些‘差生’，哪怕是要被开除的学生都要负责到底，而不是向社会和家长一推了之。一个女生因为谈恋爱引起男生争风吃醋打群架，李松山反复找她谈话，最后看她实在待不下去了，就把她介绍到商水县一所高中就学，一个学期后又把她接了回来。前年，这名女生考上了大学。”

“今日恶习不改，明日松山教导。”这是李松山生前在项城一高学生中广为流传的一句“校园民谣”。对这句“民谣”，曾经是众所周知的“差生”高亚洲感触最深：“为了挽救我，李老师和我谈话不下50次。我成绩差，好打架，经常泡网吧，脾气暴躁。李老师一次次把我叫到办公室，微笑、让座、倒茶，对我非常和善，我原先编好的谎话自己都不好意思说了。李老师反复给我讲，在向理想进军的途中，没有旁观者的席位。人生关键的时候只有几步，青春一去不复返，绝不能用消极等待将来、用后悔总结过去。他的话如当头棒喝，让我警醒。后来，我竟然当上了班长。”

“在李松山老师眼中，没有一个所谓的‘差生’。作为主抓德育工作的副校长，他经常告诫每一位老师：无论面对什么样的孩子，我们都能够改变他的现状，都能使他受益，都能使他成才。”在8月31日的座谈会上，项城一高办公室主任龚新雯回忆起李松山以往的“教导”时，语气间满是感动与敬佩。

为了学生的一切

教书，是我所从事的神圣事业；育人，是我所承载的终身使命。我要用爱心去塑造，用真情去感化，用榜样去激励，用人格去熏陶……

——李松山

在项城一高，听李松山讲课成为一种公认的艺术享受。曾是李松山的学生、大学毕业后又成了他的同事的黄晓波接受采访时说：“李老师高度近视，取下眼镜几乎什么都看不见。他背驼得厉害，讲课时头能伸到第二排。他讲课特别投入，数九寒冬，每一节课下来他都大汗淋漓。他会表演吝啬鬼葛朗台眼中的灼灼金光，他会模拟祥林嫂悲切的哭诉，他会表演王熙凤的泼辣圆滑，让大家在情境化的教学中感受到语文的无穷魅力。”

熟悉李松山的人都知道，他只有初中学历，后来却成了河南省特级教师、国家级骨干教师、全国优秀教师，被称为周口市语文界的“一座大山”。这中间巨大的跨越，完全源于他对教育事业赤诚的热爱、对学生高度负责的精神和对语文教学深刻的感悟。

除了教给学生系统的文化知识，李松山还非常注重培养学生远大的理想、高尚的情操和健全的人格。为此，他亲自拟写了项城一高教师禁忌用语和文明用语，告诫老师们，不能对学生这样说——

就你给我们班抹黑，真让我失望。

考不上大学，回家种二亩地去吧。

搬着书回家吧，别在班里丢人现眼。

我教这么多年，就没见过你这样的学生……

要多对学生这样说——

错误是难免的，只要改正了，你仍然是好样的。

你很有个性，希望你扬长避短，争取更大的进步。

诚实是做人的美德，你能实事求是地讲清情况吗?

一次考试成绩的好坏，只能说明过去，不能代表现在，更不意味着未来。调整心态，前头就是艳阳天……

每周一晚自习第二节的班会，是李松山对全校学生进行思想道德和作风纪律教育的时间。每次班会，他都要针对班级当时存在的思想倾向，一次一个专题，一次一个侧面，给学生树立正确的思想航标。针对有的学生学习浮飘、不肯下苦工夫的现象，他讲“要学蜜蜂勤采蜜，不学夏蝉瞎知了”；针对有的学生不重视良好习惯养成的现象，他讲“播下性格的种子，收获人生；播下习惯的种子，收获性格；播下行为的种子，收获习惯；播下意志的种子，收获行为”……

一名高三女生告诉记者：“李老师去世前的10月18日晚上，还在给我们开班会。他提醒女生，不要早恋，要学会保护自己，要自尊自爱、自重自强，并专门写了《女孩寄语》，赠给全校女生。”

在李松山的遗物中，最为他的同事和学生们熟悉的，是一只喇叭。因为这只喇叭，他被学生亲切地称为“喇叭校长”。

项城一高分校东区有1900多人，学生出入要经过一条狭长的胡同，还要拐两个弯，加上附近其他学校的5000多名学生，每天中午、晚上放学时，学生蜂拥而出，交通极为拥挤，很容易导致安全事故。每当这个时候，李松山就会拿着那只喇叭在胡同里喊话，提醒学生注意安全。等学生们都回家了，李松山才顾得上自己吃饭。

每天晚上，李松山都会拿着喇叭走到寝室楼前，催学生们快点熄灯休息。熄灯后他还要逐个检查寝室，等所有的学生都休息了，他才离开。高三学生刘军清楚地记得，一次李校长来他们寝室检查，看到睡在上铺的他身子在床边上，就轻轻地叫醒他，说："往里边睡，别摔下来了。"刘军对记者说："当时听到这句话，我的心里荡起一种在家中被父母关爱的感觉。"

李松山在项城一高负责分校东区的管理，他差不多能叫出东区校园里将近2000名学生中每一名学生的名字。因为他对学生思想、学习、生活无微不至的关怀，因为他的平易、随和、慈爱，使得学生们都愿意和他谈心、交心。学生刘凤戈作文中的一段话代表了大家共同的心声："私下里我们都称他为'松山兄'。这不是不尊重，而是我们觉得他就是我们的兄长——亲和如兄，慈爱如父。"

学生就是一切

父亲过世，娶媳妇，打发闺女"出门"，包括我们自己结婚，他没有请过一天假。人前我常说，嫁他不如嫁个庄稼汉！可我打心眼儿里敬重他。细想想他忙来忙去图个啥，还不是为了教出一批好学生！

——李松山爱人刘玉荣

从踏上三尺讲台那一天起，李松山的心目中、生活里再也没有了自己，工作就是他的一切，学生就是他的一切。

57岁的项城市丁集镇兴华学校校长张廷建，曾与李松山共事17年，可谓患难之交。提起往事，他感慨万千："李松山从丁集一开始教学就吃住在校，加班加点如家常便饭。冬天夜长，他坐到11点，又冷又饿，就吃个干馍、喝点开水，算是夜餐。夏天天热夜短，蚊虫叮咬，他就穿上长衫长裤，渴了喝口凉水，困了走一圈，洗洗脸，继续工作。那时候农村还没有电，老师夜晚办公都是用煤油灯照明。学校领导见他天天熬夜，视力急剧下降，身体越来越差，就多次劝他早休息，他不听，领导便限量发给他煤油，就这也没能限制住他夜晚加班。"

"松山30年前就被叫做'李疯子'、'工作狂'。"现为丁集镇兴华学校副校长的孙贵海，讲了一件印象深刻的事情：中学课本里曾经新增一篇课文《春雨》，全县教师要来听李松山的观摩课。前一天讨论时，李老师的方案被否定了，他连夜备课，通宵达旦，一晚上写了48页，并自己对着教室后山墙练。第二天，他的课直讲得听课老师眼泪横流。在丁集、在项城、在周口，李松山的公开课、观摩课、示范课、优质课不知讲过多少次，几百人、上千人听过他的课，大家没有不佩服的。这样的老师，教出来的学生咋差得了！

1977年，李松山在丁集镇初中任教，家中给他订好了婚事，日子定在农历九月。他听说后，急了："不行。九月刚开学，结婚会耽误工作。再推推，到寒假吧。"寒假转眼快到了，母亲又催他结婚。当时学生复习考试正紧张，可李松山不忍心再次违背母亲的意愿，勉强答应下来。婚礼那天上午，他仍旧穿一身平常的衣服，照常去学校上课。第二节下课后，他对学生说："今天家中有点特殊事情，我向大家请个假，提前回家一会儿。"同学们有些诧异：从来都是早来晚走的李老师，家里出了什么事？下午第一节课预备铃一响，李松山又和往常一样准时出现在教室门前，只是换了一件新衣服。原来李老师当新郎了，学生们笑了，李松山也笑了。

李松山的妻子刘玉荣告诉记者，李松山好像是为教书而生的，为教学他不知道吃了多少苦、流了多少汗。他教的学生考上大学的很多，自己的孩子却没时间管，结果"种了别人的地，误了自己的田"。他身为重点高中的副校长，自家的三个孩子居然一个也没能上高中，目前一个比一个过得艰难。

"家里6亩地，他不管，我累得腰椎间盘突出，疼得受不了，硬是躺在床上撑了两个月，疼得多少次想喝药自杀，他却非要等到放假才陪我去看病不可。"说到这里，刘玉荣抹了一把泪，"2002年暑假，上午打发闺女'出门'，晚上9点他陪我坐车去了郑州。医生说，咋来这么晚！手术后，我躺在床上不能动弹，医生说得卧床3个月。可只住了20天，他就说，学校要补课，得回去。我说，既然来了，就治个差不多再回去。他竟说：要住你住这儿，我补完课再来接你好了！后来硬是回来了！"

爱人生病，李松山顾不上管，可当他得知住校学生麻莹莹因病要服汤药却无法煎制时，马上决定让爱人在家里为莹莹煎药，每天晚自习时他亲自把药端到办公室，叫莹莹过来喝。这样坚持了大半年，2004年10月18日晚上，麻莹莹又一次喝了李校长端来的热乎乎的汤药。她没想到，这竟是最后一次。

近年来，李松山既当班主任，又当副校长，还兼高二年级级段主任。他每天早晨5点起床，夜里12点前很少睡觉，又常常加班写文章、批改作业到黎明。但不论休息多晚，第二天5点准时起床。超负荷的工作，累得他几近双目失明，挺直的腰弯曲了，冠心病、颈椎骨质增生、咽炎、中耳炎等疾病不断折磨着他，然而他从未耽误过学生一节课。

2004年2月的一个早晨，李松山检查完自习后突然晕倒在厕所里。暑假里，劳累过度的他第二次晕倒在学校门口。家人、领导、老师劝他去郑州检查，他没有去，第二天又走上了讲台。他当医生的哥哥专门从老家跑来劝他到医院作动态心电图、冠脉造影检查，并给他联系好了医院和专家。他却说："刚开学，一大堆事，哪有时间检查病？等有了空再说。"

2004年10月18日，李松山在办公室批改全班79名学生的作文和试卷，连续工作十几个小时。

当晚班会上他又一次做学生的思想工作，动员学生信心百倍地迎接第二次段考，并特别勉励女生要洁身自好。

晚自习放学，他照常检查学生寝室。10点多回到办公室，他继续批改试卷直到深夜。

第二天早晨5点，他照常早早地起床，习惯性地把20多个班级巡视一遍，接着又批改试卷到7点，还剩3份没有改完。

早自习下课后，7点零5分，李松山第三次突然晕倒。

这一次，他再也没有醒来。

有一种精神永不泯灭

你让我们即使在风雪之夜/也有阳光灿烂的感觉/你让我们即使在物欲横流的世界/也能看到红烛燃尽春蚕化蝶/有一种灵魂和精神永远不会泯灭……

——项城一高青年教师　曹宝剑

2005年8月31日，记者来到李松山家中采访时，切实感受到了李家的清贫。所谓的家，不过是教学楼一楼辟出的一角，不到30平方米，里面没有一件像样的家具，两张床快把房间撑满了。李松山留给妻子儿女最宝贵的遗产，是他生前获得的一本本鲜红的荣誉证书。

在2003年5月1日的读书笔记中，李松山曾这样写道："教师职业是苦的，但苦中之无穷之乐，乐中之无穷之趣，是碌碌无为者无缘分享的：启愚化顽，学习转化之乐；教改辛苦，苦尽甘来之乐；造福桑梓，慰师谢教之乐；桃李八方，来鸿千里之乐；学境至极，世人钦慕之乐……精神境界的丰收，比什么都快乐！"

把一切都奉献给了教育，把一切都奉献给了学生，然后，李松山无怨无悔地走了，就像他生前经常给学生朗诵的那首诗：“我挥一挥衣袖，不带走一片云彩。”然而，党和政府不会忘记这位好公民，项城一高的教师不会忘记这位好同事、好领导，他的成千上万的学生更不会忘记自己的好老师。

还有那举城相送的长街不会忘记，一个平凡的生命身后有着怎样的哀荣。

还有那满目尽开的白菊不会忘记，一位清贫的教师同时又是怎样的富有……

为了彰显李松山的先进事迹，项城市教育局、中共项城市委宣传部、中共周口市教育局党组、中共周口市委宣传部、中共周口市委先后作出了开展向李松山老师学习活动的决定。

2005 年 3 月，周口市教育局又组织举办李松山事迹报告会，在全市各地巡回演讲。报告团走到哪里，哪里就会荡起祭奠与怀念、感动与学习的热潮。

第 21 个教师节前夕的 9 月 1 日，记者在周口市教育局采访时看到，保持共产党员先进性教育活动的宣传展板中，李松山事迹专题特别醒目，几位老师在观看着、交流着。

李松山去世后，出于崇敬，网友自发在网上建造了不止一个“李松山老师纪念馆”。每天，都有学生、同事和陌生人来到纪念馆为李松山献花、点歌、写祭文。截至 2005 年 9 月 5 日，单是为李老师写下祭文的，就有近 6000 人。在纪念馆里，记者也看到了崔永丽临行前留下的心声：“感谢您，我最敬爱的李老师——时光可以流逝，鲜花可以凋零，唯有您的眼神永远那么真诚。”

“善之本在教，教之本在师。教师应该是一盏灯，指明学生前进的道路；教师应该是一座桥，联结着成功与奋斗的成功之路；教师应该是朝霞祥云，在映红天空、照亮人间的同时，又展示着自身的魅力与绚烂！”这是李松山生前的教育理想和人生追求。他做到了。在他身后，他的学生、他的同事以及很多认识他和不认识他的人，被他绚烂的人格魅力照亮了前行的道路，脚步更加有力，目光更加坚定。

（原载 2005 年 9 月 10 日《教育时报》，作者：刘肖、于刚）

王生英

楷模轨迹：1956年生于林州市横水镇卸甲平村，1974年秋开始任民办教师，2000年转为公办教师。30多年来，她用全部的心血和力量，保证山里的每一个孩子都有学上，被称为“中国版的乡村女教师”。

楷模荣誉：全国模范教师、十佳教师、中小学德育先进工作者，河南省优秀共产党员、师德标兵、三八红旗手、特级教师……2008年1月，王生英被评为第二届河南十大教育新闻人物。同时，中共河南省委高校工委、河南省教育厅发出新年一号文件，号召全省广大教育工作者向王生英学习，做人民满意的教师。同年8月，王生英光荣地当选为党的十七大代表。2010年9月，王生英被评为首届全国教书育人楷模。

楷模语录：孩子们能多认识几个字，会算个账，长大后就能走自己的路，奋斗自己的生活。人活着，不都有个理想吗？使山里的娃娃们都能上学、都能上得起学，把山里的孩子带好，让他们大小都能有些出息——就是我的信念、我的理想。

王生英：中国版的乡村女教师

半个世纪以前，一部名为《乡村女教师》的苏联电影风靡中国，女主人公瓦尔瓦拉的故事，感召着无数热血青年到乡村的讲台上去实现人生的价值。

30 多年来，在太行山下、红旗渠畔，有一位残疾女教师，10 年以家为校，20 多年以校为家，用全部的心血和力量，保证山里的每一个孩子都有学上。

她并不知道瓦尔瓦拉是谁，然而越来越多的人称她为“中国版的乡村女教师”。

她，就是首届全国教书育人楷模——王生英。

一次选择，让她视教育为一生的使命

桃园，林州市横水镇卸甲平村的一个自然村。村子不大，人口不过 300 出头，可其中一半人有着同一位启蒙老师——王生英。

2006 年一个天寒地冻的冬日，记者来到这个颇似世外桃源的地方，从 20 世纪 70 年代的那一个选择开始，一步一步走进这位乡村女教师的平凡人生——

王生英出生于 1956 年，是卸甲平村一个普通农户的第一个孩子。那个年代的农民家庭，大都过着窘迫的生活，王家自然也不例外。不同的是，幼时的一场突如其来的高烧，使王生英患了小儿麻痹症，右腿留下终生残疾。从此，对于王生英来说，太行山显得愈发陡峭，山路也显得愈发坎坷了。

家境贫寒，供不起孩子上学，村里不上学的有的是，何况生英是个女孩子，腿脚还不方便。看着父母迟疑的眼神，生英又哭又闹，一定要上学，她小小的年纪似乎已经预感到，如果没有文化，以后的人生道路将会更加难走。

世上的父母哪有不爱儿女的，况且是这样一个身有残疾的孩子，他们终于答应了小生英的请求，把她送进了学校。父亲说："爹娘不拦着你，你自己可得操着心。学成了，是你的福气；学瞎了，你谁也别埋怨！"

父母的身体都不好，可为了供生英上学，除了省吃俭用，就是拼命地干活。父亲冒着危险进山采石头，母亲熬着夜给人家纺棉花。"一个晚上才能纺出一两花，挣3角钱。"王老师用拳头给记者比画着一两棉线的样子，眼里是满溢的泪水。

小学。初中。高中。眼看着父母的艰难，体味着求学的不易，王生英咬着牙一路学下来，成绩始终在学校名列前茅，成了村里难得一见的高中生。由于自己身有残疾，对病痛体会得更加深刻，她立志当一名医生，要让更多的乡亲不再受病痛的折磨。

然而，1974年暑假里的一个消息，改变了王生英人生的走向：东平村学校要招一名民办教师。

王生英的心动了。多少年来，她看到许多同龄人或者没上过学，或者上不了多久就辍学，只能上山拾羊粪、拾柴火，在山旮旯上刨食，日子依旧是捉襟见肘。"光有好身体还不够啊，没有文化，照旧没有出路。"王生英对父亲说，"我不准备当医生了。我要当教师，让咱村的娃们都能有学上！"

东平村学校要招的是初中数学教师，只招一名，可报名的就有50多人。王生英压力很大，却没有退缩，她决心为自己的选择全力以赴。考前那段日子，她废寝忘食，一门心思地复习，神圣的讲台仿佛在前面不远处呼唤着她、期待着她……

那是一个夏日的午后，她正在院子里洗衣服，村支书兴冲冲地走进来："生英，生英，第一名！"

啊?！她把衣服甩在水盆里，站起身，仰起脸，笑出了声。30多年后，对记者说起那一幕，王生英的情绪还是如此兴奋："当时我就觉得啊，天就格外蓝，阳光就格外好，我眼前的路一下子就宽敞了、顺当了，咋看着都不像是以前的山路了……"

1974年的秋天，王生英登上了讲台，从此再没有下来。这艰难而坚定的一步，决定了她把奉献山区教育当成自己一生的使命。

卸甲平是一个行政村，包括6个自然村，村与村之间不是隔着山，就是隔着河。王生英家在西平，和她执教的东平村之间，就横了一条大河。从家到学校，要走半个小时。拖着一条残腿的王老师，匆匆地赶着山路，摔跤是常有的事。

雨季来了，河水暴涨，架在河上的小木桥，经不起洪水猛烈而持久的冲击，断了。站在没有了桥的河边，看着湍急的流水，王生英有些着急，学生们还在河对岸的学校里等着她去上课呢。她没有犹豫，脱了鞋，挽起了裤腿。雨还在下，水还很急，河面上缓慢移动的，是一个瘦弱女子一瘸一拐的身影，仿佛随时都有被河水冲走的危险。但是，她没有回头。

当时的王生英是一个民办教师，工资少得可怜，最初只有5元钱，后来是10元、30元，别说补贴家里，就是维持自己的生计也很艰难。王生英的裁缝手艺在全村是出了名的，有亲戚建议她开个裁缝店，收入不知要比当教师高多少倍，她没有动心。

林州的建筑队举世闻名，林州人外出务工大都收益丰厚，因而有“十万大军出太行”的美称。1985年，王生英的丈夫王合生在东北承包了一个建筑工程，兴冲冲地跟她商量：“咱俩一块儿去东北吧，我管工地，你当会计，不用受累，挣钱又多，比你在家教书强一百倍!”

丈夫的心情，王生英最清楚不过，他是心疼自己，也是为了这个家好。“可我走了，这些学生咋办呢？不就是因为前面的老师不干了，我才当上了老师。我咋能也把学生们撇下不管呢?”

劝不动她，丈夫一个人去了东北，还不甘心，又先后给王生英来了三封信，让她再考虑考虑。“有啥可考虑的？我不去，我不能再让学生们没有老师。”信，王生英看了，烧了，也哭了，可对理想的选择却没有丝毫的动摇，“我们山里人不光是缺钱，更缺知识和文化啊!”

一句承诺，让她不放弃任何一个学生

山里的雨水总是那么多，又来得那么急。冬日刺目的阳光里，记者在卸甲平村的小路上、山墙上，处处可以看到风雨留下的痕迹。

1978年夏季的雨下得特别大，持续的时间又特别长。此时，由于村干部的关心和乡亲们的体贴，王生英已经调到了离家较近的西平村学校。然而，这里的校舍更破旧，挡不住风，遮不了雨。眼看着雨一直下个不停，王生英心急如焚，她在心里默默地念叨：“老天爷啊老天爷，赶快把雨停了吧，再这样下去，俺这教室经不住，出了危险可咋办呢?”

两天，三天，老天爷似乎没有听到王生英的心声，丝毫没有要停下来的意思。为了学生们的安全，王老师果断地宣布：“从明天开始，大家都不要来学校了，直到雨停天放晴。”

学生问：“老师，那咱不上课了？”

王老师说：“咋能不上？我去家里给你们上课！”

此后20多天里，王生英每天都顶着风、冒着雨，跑遍全村，挨家挨户地给学生上课，不落下任何一个孩子。给这家的孩子辅导完功课，布置了作业，王老师就往下一个孩子家去，不管风有多大、雨有多急。学生家长不落忍，劝她：“等雨歇歇再走吧。”王老师摇摇头：“谁知这雨啥时候歇啊，要是这样一家耽搁一会儿，今天的课程就完不成了。”

雨大，路滑，健全人都难免摔跤，何况腿脚不便的王生英。有一天，当她刚摔了一跤，满身泥水地出现在学生王敏淑家门口时，一家人都怔住了。片刻，大人马上拿出衣服让她换上，懂事的小敏淑抚摩着她的伤腿，哭了：“王老师，你不要再这么一家一家地跑了，我去把他们都叫到俺家来上课！”

就这样，无论遇到怎样的风雨，无论道路如何泥泞难行，王生英没有耽误过学生一节课，就连结婚典礼占用的两天，她也很快把课不折不扣地补上。

1980年，父亲突然生了一场大病，要到县里住院。怎么办？谁去陪护？爷爷、奶奶都80多岁了，母亲的肾炎还没好，弟弟、妹妹年龄都小。作为长女，王生英责无旁贷应该去。可是，学校里就她一个教师，她去照顾父亲，谁来照顾学生？她想了又想，终于艰难地说：“让苹英去吧。”年龄不大、从没出过远门的妹妹，哇的一声大哭起来，奶奶则在一旁责怪她没个大姐的样子。可她心里惦念着班里的学生，就是不敢松口。这时，里屋传来父亲微弱的声音：“苹英，别哭了，还是你陪爸爸去吧。姐姐有工作，为了我，让她不管学生，不合适。”

妹妹哭得更厉害了。生英跑到院子里，任凭泪水无声地往下流淌，在心里一遍遍地说：“对不起，爸，女儿对不起您……”

“父亲去世的那天，我还在上课。你说，他会不会后悔生了我这么个不孝的女儿……”在王老师家的堂屋，她哽咽着问记者，手则不停地擦拭着一个玻璃镜框，那里面是父亲的照片。

1986年，桃园学校的教师走了，四个年级的学生没有人教，王生英自愿顶了下来。语文、数学、音乐、美术、体育，就她一个老师。教室设在一个废弃的仓库里，还是“土改”时的老房子。多年没人过问，它破旧不堪，外面下大雨，里面下小雨。墙皮四处脱落，竟然还有两个大窟窿。地面坑坑洼洼，支撑桌面的泥墩歪歪扭扭，经常倒，不是撞着学生的腿，就是砸着学生的脚。而且，学校旁边连个厕所都没有。

好在这时，王合生因为说服不了妻子，又放心不下一家人，已经放弃了东北的工程，回到家里，做了王生英坚强的后盾。他帮着王生英平整了地面，垒好了石墩，泥好了墙皮，补好了墙上的洞，还拿出自家的钱买来100多片瓦，补好漏天的屋顶，又用自家的钱给学校建了一个厕所。望着焕然一新的教室，看着满头大汗的爱人，王生英笑了。

在王生英的学生里，有个男孩叫李增华，下肢瘫痪，只有靠双拐行走。面对小增华要上学的央求，他的父亲很为难：王老师本身就有残疾，怎么好意思再给她添个累赘？

增华的情况，王生英很清楚。望着孩子渴望上学的眼神，她想起了童年时的自己。如果不是上学有了文化，自己怎么可能成为受人尊敬的人民教师？“既然当了老师，就不能放弃任何一个学生！”这是王生英对乡亲们、也对自己作出的承诺。

“把他交给我吧。”她对增华的父亲说，“孩子虽然残疾，但是他和其他孩子一样，也有受教育的权利。”

这个时候，桃园学校已经离开仓库，搬到了一所房子的二楼。为了减轻学生家长的负担，王生英每天背着小增华上楼、下楼，背着他上厕所，帮着他解腰带、系鞋带。随着增华年龄的增长，背着他上楼越来越吃力。有一天，王老师腿一软，两个人一起摔倒在楼梯上。小增华一把搂住王生英的脖子，哭着说：“我不上学了。王老师，我再也不想拖累你了！”听到哭声，刚从地里回来的王合生扶起了妻子，然后背起增华上了楼，并从此接过了每天背增华上下楼的任务。

春风。夏雨。秋霜。冬雪。就这样，夫妻俩接力似的背着增华，走过了他在桃园学校求学的全部四年，用脊梁和知识为这个无法行走的山里孩子铺展开人生的道路。

一种责任，让她把学校搬进了自己家里

王生英夫妇背着小增华上上下下的教学楼，不在别处，就在他们家。事情要从1993年春天的一个风雨之夜说起。

那一夜，狂风大作，暴雨倾盆。第二天早晨，当王生英早早地来到学校时，她惊呆了，她看到的是一片废墟！那个被他们当做教室的仓库，终于经不住半个世纪的风吹雨打，坍塌了。

怎么办？

让孩子们到哪里去上课？找村里解决？不行。村里再也找不到一间可以容纳50多个孩子的房屋。王老师找村委会，请求尽快盖几间教室。村干部说："咱村穷，眼下拿不出钱来。"

那么，到外村学校去借读？也不行。到外村上学要途经两条狼路，野狼经常出没，随时都有危险，以前就曾有小孩被狼吃了。站在家门口的高台上，王老师指着对面的山坡让记者看：那条就是狼路，那边还有一条。

怎么办？教室可以倒掉，教学却不能停止啊。无奈之下，王老师只好在原来教室的废墟旁支起了黑板，开始了露天教学。

仓库旁边一直有个羊圈，原本在屋里没什么，露天教学时间长了，羊身上的寄生虫爬到了学生头上、身上。这不行，还得走。王生英手里提着小黑板，腋下夹着课本，带着50多个学生开始转移。荒草坡上，小河岸边，大树下面，到处留下孩子们稚嫩而清脆的读书声。

有一天，王生英正在山坡上给学生们上课，突然间乌云密布、雷鸣电闪，还没来得及转移，黑板便被狂风卷走，学生们的书本被刮得七零八落。暴雨瞬间而至，洪水冲得山石叮当乱响，学生们吓得乱作一团，有的哭了起来。

"别怕，有老师在呢！"王生英勉强支撑着自己的身体，不被大风刮倒。她带着孩子们躲进附近的一间房子。

这是一处尚未完工的新房子，门窗还没有安。王生英找到主人，说想借他们的房子做一阵儿教室，主人欣然答应。王老师和她的学生们在这所房子里上了整整一个月的课，看着它一步步地盖好、完善，也迎来了主人搬迁的日子。

这里不能再用了，下一步去哪里呢？还去野外上课吗？不，不能让孩子们再受折腾了。王生英心里十分清楚，他们只有一个去处——就是她自己的家。

征得丈夫的同意，王生英把学生带回自己家上课。四个班52名学生，里屋一个班，外屋一个班，门前两边的平台上一边一个班。家，顿时被学生塞满了。王老师说，她觉得像是和这些学生组成了一个大家庭，合生是爹，自己是妈。

总是在这样拥挤不堪的环境下教学，也不是个长久之计。况且天渐渐地凉了，总不能下雪天还让孩子在屋外面上课吧。王生英有了一个大胆的念头：在自家的房子上加盖一层，给学生们当教室！

说这念头大胆，因为它是如此的不现实。1989年，合生患病欠了一笔债还没还上；1991年，家里盖这处平房又添了一笔新债。当时，王生英的工资是每月40元，靠什么来建房子啊？

毕竟是红旗渠畔长大的儿女，自力更生、艰苦奋斗的红旗渠精神，此时在王生英夫妇身上得到最生动、最真切的体现。两口子一合计，为了给学生们一个能安心学习的地方，就是砸锅卖铁，教室也要建起来！

他们先把家里的大豆、玉米、谷子、小麦全都拉出去卖了。屋里一下子变得空落落的，可盖房的钱却还差好大一截。砖瓦是从邻乡赊来的，木材是跟姨夫借来的。姨夫家远在安阳县，合生光去拉椽子和檩条就跑了三趟。钱还是不够，只有问亲戚借了，好话说了一堆，壁也碰了不少。有一回，在许诺送一座高级台灯的情况下，合生的堂哥答应借给他们500元。可到生英去取钱时，堂嫂手一挡："你们家前面拉的饥荒还没填上，又借钱，啥时候能还？"王老师什么都没说，扭头回了家。好在生英姊妹6个，合生有7个弟兄，关键时刻，兄弟姐妹都向他们伸出了温暖的手。

采访时，记者在王老师家看到，两层房子的颜色不太一样，上面一层明显是后来加上去的。为了加盖这一层，王生英夫妇连本带息欠了3万元的债，直到2000年才还清。

对记者说起建房的艰辛，王老师连连摇头，神情中满是往事不堪回首的感慨。那些日子里，王生英和丈夫一起挖沙、刨石子、搬砖、和泥，没日没夜地干，两只手上都是大血泡，连膝盖也隔着裤子磨出了泡。由于教室建在二楼，为了学生们的安全，王老师特别嘱咐丈夫给楼梯的走廊焊上了铁栏杆。

5间房子终于盖好了，孩子们总算有了宽敞、安全的教室，王老师夫妇却累倒了。合生不时地吐血、流鼻血，王生英也常常晕倒在课堂上，原来60公斤的体重，只剩下43公斤！

"你们盖房子给学生们当教室，村里没有投入吗？"

"没有。咱这里是深山区、贫困县，况且那年头，村里也真的是没钱。"

"那你欠了那么多债，有没有想过多收一点学费补贴一下？"

"没有。一分也没多收。"

"学校是大家伙的学校，怎么就得由你一个人来管呢？"

"我是老师啊。我觉得，这就是我的责任。"

一种境界，让她把奉献当做永远的追求

整整10年过去了。

在这10年中，王生英所带的班级，不仅没有一个学生辍学，而且在全乡

同级班的考查中，成绩从未低于前三名。她的学生中，有数十人后来考上了大学，他们后来当上了村官、矿长、医生、教师，在不同的岗位上为改变山区面貌发光发热。

2003 年，随着农村中小学布局调整，分布在几个自然村的教学点，全部合并成了卸甲平学校。政府投入 5 万多元危房改造资金，为学校修建了 9 间新教室。王老师和她的学生们也从此告别了以家为校的日子。

2000 年，她赶上最后一班车转为公办教师，目前每月工资已经超过 2000 元。“两免一补”的政策，让山里的孩子们再也不用为学费发愁了。如今，王老师每天吃住都在学校，真正是“以校为家”，只是周末才回自己家看看。

2004 年秋季开始，农村小学也要开设英语课，而卸甲平学校当时根本没有英语教师。这时，年近 50 岁的王生英又翻出来英语书，跟着电视学，跟着复读机学，硬是承担了全校的英语课。如今，学校的远程教育室也已建成。所有这一切的努力，按王老师的话说，就是“让这些可爱的农村娃们也能像城里孩子一样，享受优质的教育资源，接受全面的素质教育”。

近年来，从《教育时报》开始，随着媒体对王生英事迹的广泛报道，越来越多的人知道并记住了这位山村女教师的名字，各种荣誉也接踵而至：全国模范教师、十佳教师、中小学德育先进工作者，河南省优秀共产党员、师德标兵、三八红旗手、特级教师……北京奥运会，她是火炬手；国庆 60 年，她登上了观礼台……2008 年 1 月，河南省委高校工委、省教育厅党组发出新年一号文件，号召向王生英学习，做人民满意的教师。同年 8 月，王生英光荣地当选为党的十七大代表。2010 年 9 月，王生英被评为首届全国教书育人楷模，通过“每月一星”的重点宣传活动，名副其实地成为全国教育系统乃至社会各界追捧的明星。

2004 年 9 月 10 日，新中国第 20 个教师节，王生英来到北京，参加全国教育系统劳动模范表彰大会，在人民大会堂受到胡锦涛总书记、温家宝总理的接见。6 年之后，又一个教师节，还是在人民大会堂，胡总书记在接见首届全国教书育人楷模时认出了王生英，他一握住王老师的手，就微笑着说：“辛苦你了，在山区坚持工作这么些年！”

第一次到北京时，陪同的安阳市教育局同志问王老师都想去哪里游览，她不假思索地说：“去看升国旗！”第二天凌晨 4 点，她就起了床，来到天安门广场时，天还没亮，她是那天第一个来看升国旗的人。当国旗随着太阳一同缓缓升起时，王老师的眼泪又流了下来。她告诉记者，当时心里那种神圣的感受，让她觉得 30 年来所有的付出都是那么的值得，国家需要她奉献什么她都愿意……

由于生源逐年减少，学校办公经费比较紧张。为了让心爱的学校能正常运转，王老师经常拿出自己的工资供学校周转。2006 年 10 月，学校订教学用书急需钱，王老师马上用自己一个月的工资垫上了。校领导很是过意不去，她却说："现在日子好过了，自己的钱晚几天花没啥，耽误了工作就不好弥补了。"

2006 年年末，王生英成为中央电视台"感动中国"年度人物的候选人，其事迹在《东方时空》节目中展播。问起被提名的感受，王老师说："就不应该选我。好多人都比我做得好，比起那些舍己救人的、去边疆支教的，我做得太平凡了。就在咱们教育系统，也有太多的老师比我事迹突出，应该有更多的老师得到宣传。"她甚至还亲自动笔写文章，宣传其他农村教师。2006 年 1 月 20 日的《教育时报》在头版的醒目位置，报道了林州市东姚镇马大井学校马明奇老师自愿进山任教的事迹，题目——《山乡希望的播种人》，作者——王生英。

"开学了，我总惦记着孩子们。这几天人在北京、上海，可我老做着在山里的梦，梦里都是和孩子们在一起的琐碎事。"2010 年 9 月，王生英去北京参加首届全国教书育人楷模表彰会后，又在教育部专人的陪同下参观了上海世博会。"可我白天参观着世博园，走进遥远的欧洲、非洲、美洲，晚上的梦总也离不开太行山，离不开红旗渠，离不开和我朝夕相伴的学生。我的心啊，还是属于山里的那些孩子……"

冬日的寒风里，记者随王生英来到她家的二楼。墙壁上当年的课程表还在，这些做了 10 年教室、曾经坐满学生的房子，由于挨墙站着三个大书柜，才不至于显得太空落。王老师说，反正房子空着也是空着，她准备办一个家庭图书室。全国各地的热心人捐了不少书，要让它们发挥作用。她想自己陆续再买一些新书，不仅仅是给学生们看，也给乡亲们看，帮助他们开阔眼界、学习科技知识，尽快走上致富的道路。"这也算是我为新农村建设作的贡献吧。我想，这是很有意义的。"

是啊，"这是很有意义的"！王老师，您也许不知道，您的这句话，曾在《乡村女教师》中出现过。影片临近尾声，已经桃李满天下的瓦尔瓦拉老师，在回想自己数十年的乡村教学生涯时，就是这样说的。

（原载 2007 年 1 月 5 日《教育时报》，2011 年 5 月收入《生命与使命同行——走近首届全国教书育人楷模》一书时有增改，作者：刘肖）

杜广云、李正洁夫妇

楷模轨迹：1981年，19岁的杜广云高中毕业，来到大沟村小学担任民办教师。17年来，半身不遂的他毅然以残疾之躯屹立三尺讲台，只为满足山里孩子们求知的目光；杜广云的妻子李正洁则用坚实的脊梁背着他，日复一日行走在家到学校的2.5公里山路上。

楷模荣誉：2008年9月，中共河南省委高校工委、河南省教育厅号召全省广大教育工作者向杜广云学习。2008年1月，杜广云与爱人李正洁一道被评为第二届河南十大教育新闻人物。

楷模语录：大沟小学，其实就背在我媳妇的脊梁上啊！好媳妇，等我退休之后，天天为你捶背。

杜广云：学校背在媳妇的脊梁上

写这篇稿子之前，向来快手快笔的记者却一反常态地拿不定主意——弄不清楚自己要写的主人公究竟是谁，也不知道该如何来为这篇文章命题。因为，在记者的笔头和心头，始终萦绕不散的是“感动”这两个字。丈夫感动了妻子，妻子感动了丈夫，夫妻俩感动了父亲，一家人感动了乡邻、感动了学生、感动了社会……

山坡下，弯道边，小溪畔，一所寄托着山民希望的小学

在八百里伏牛山深处的南召县境内，一条弯弯曲曲的羊肠小路，傍着一股同样弯弯曲曲的溪流，把记者带到了一座无名小山的脚下。

一排依山而建、坐南朝北的瓦房是两间教室。坐西朝东的略小一些的三间瓦房算是教师住室和厨房，加上一段砖石结构的围墙和一扇颇有些“大气”的铁门，便构成了南召县留山镇大沟村小学。

小学的规模虽说不大，却是方圆十里八村山民们走出大山的全部希望。因为，在这里没有进行“村村通”建设之前，人们要想和大山之外进行沟通，那是相当困难。有些见识的人走出过大山，知道要想混出个样子，必须让子女到学校念书，书念好了才能走出这封闭的山村，才能给山区带来希望。

正是这些朴素得一如那光秃秃的山脊、自然得宛如那静静流淌的河流一样的愿望，使得大沟村小学数十年来总是生机盎然。生活清贫的山民们不用动员便会自觉地把孩子送来念书。因此，自从20世纪60年代初政府建起大沟村小学，这所小学就是大沟村山民的全部希望。

一场突如其来的暴风雨，让一个原本健壮如牛的小伙子成了一个残废

1990年的8月23日，已是大沟村小学骨干教师、行政负责人、后勤总务和基建负责人的杜广云，利用学生放暑假的机会，在村民的帮助下开始翻修教室的屋顶。

当天晌午时分，正在房顶忙碌得早已是汗流浃背的杜广云，压根儿就没有在意天际奔涌而来的团团乌云，也没有在意那一阵紧似一阵的炸雷。他在一块瓦一块瓦地细心检查着，以免开学后出现屋顶漏雨的情况。就这样，一场突如其来的倾盆大雨，把忙于干活儿和抢救建房工地物资的杜广云淋了个透心凉。

这位正值而立之年的汉子，当时并没有在意。杜广云认为这场大雨刚好给自己洗了个痛快澡，把满身的汗水和泥水冲洗个干净。于是，他中午随便吃了点东西，扔下饭碗便又来到了工地。大约下午5点钟，劳累过度又遭暴雨侵袭的杜广云感到体力不支，突然直挺挺地一头晕倒在校园内的工地上，牙关紧咬，两眼翻白。

经过医院抢救，杜广云苏醒了。但这位平时体壮如牛的小伙子却意外地发现，自己左边的半个身子不听使唤了。他试探着想动弹一下，却未能如愿。赶紧请医生诊治，最终还是无力回天。从此，他左边的半个身子便永远失去了知觉，左边半个脸颊也紫黑如铁，左手不能抬起，即使是粉笔也捏不住了。左脚虽然勉强能够挨地，但却支撑不起沉重的身体。于是，他便成了连走路也一拐一跛的残废。

当年8月31日，是暑假的最后一天。十里八村的学生纷纷赶来看望老师，一双双期待的眼睛让杜广云不知道该怎样安慰孩子们。端着孩子们双手递给他的饭碗，他却吃不下饭。

“明天就要开学了，我的孩子们怎么办？我这样的身体，还有希望继续走上三尺讲台吗？难道我真的就要成为一个残废人了吗？”一个个严峻的问题令他不敢多想却不得不想。

大沟村小学太需要老师了。当天晚上，杜广云辗转反侧，直到鸡鸣声隐约传来的时候，他才算迷迷糊糊地打了个盹儿。

而正是在杜广云刚刚睡去的一小会儿，他突然发出一声大叫，令几乎和他一样彻夜难眠的妻子李正洁大吃一惊。

“咋啦！咋啦！”妻子立即连声呼唤着，“广云，快醒醒，你这是咋啦?”

原来，杜广云自己也是被他的一声惊叫吓醒了，他在梦中竟然分明地大叫了一声：“我要上课!”

妻子听后，久久没有言语。

在几经权衡之后，他终于接受了妻子“我背你去学校”的建议。这一背，就是17个年头

1990年9月1日，一大早，手脚已明显不听使唤的杜广云就摸索着起了床。他走到门外，对着近在眼前的留山河，愧疚地责问自己：这么结实的身板，咋就经不起一场雨呢？妻子那脆弱的肩膀，能够承受自己这50多公斤的身体吗？

“走吧，广云！今天是开学第一天，要不咱早点去?”杜广云回头一看，妻子李正洁已经穿戴整齐地来到了他的身边。

“谢谢你，谢谢你，我的好妻子!”多年也不曾流过眼泪的杜广云，被妻子的这一行动感动得热泪盈眶。他一颠一颠地扑上前去，一把抓住了妻子那双由于长年辛劳已显粗糙的手。

说走就走，夫妻俩立即收拾好开学要用的教学用品，推着那辆已显破旧的自行车，背、扶兼用地出了家门。

时至今日，李正洁还清楚地记得第一次背丈夫上学校的情景。

那天，她踉踉跄跄地背着丈夫出了家门。好走的地方，她便将丈夫扶到自行车上推着走，但大部分路段，得背着才能前行。走一段路，便把丈夫放在路边的田埂上或是石头上休息，她再拐回去把自行车推回来，然后再背着丈夫前行。就是这样周而复始地向前移动。一趟2公里多的山路，李正洁等于走了两趟。

体重50多公斤的丈夫，加上左边的手脚不太听使唤，背在肩上走平路，已经够让李正洁吃力了。能够推着自行车走的路段，还不及整个路程的1/4，翻岭困难自不待言，尤其要命的是，那条奔腾不息的留山河，成为夫妻俩到学校的最大障碍。

平常时节，有六七米宽、水深也不过半米的留山河，当地人是靠间距约30厘米的石块过河的。多少年来，年轻体壮的杜广云都是连蹦带跳地跨越这条河流，遇到有学生同行，他肩上背一个，臂膀挎一个过河也不在话下。可是

今天，他只能是心疼加愧疚地伏在妻子的肩上，一任她蹚着没膝深的河水，步履蹒跚地过河，然后再返回去，扛着那辆用以驮他的自行车，从石阶上跳跃而过。

就这样，杜广云终于提前来到了学校。

就这样，杜老师终于按时站到了讲台上。

当同学们惊讶地看到只能用一条右腿支撑着站在讲台上的老师时，大家都不约而同地向他报以热烈的掌声。

夫妻俩背后，还有一位默默无言为他们做着“后勤”工作的老父亲。17 年来，每当雨雪天气过后，老人都是在第一时间赶往儿子去学校的路上，清扫积雪，铺垫道路

在大沟村小学院内，记者见到了一位精神矍铄的老者，他就是被誉为“大沟小学编外后勤人员”、杜广云的父亲、今年 76 岁高龄的杜俊然老人。

17 年前，当得知儿子落下半身不遂的残疾，又立志不丢下教师职业的消息后，刚届花甲之年的老人和儿子一样，也是辗转难眠。在山区，村民需要自己的儿子给孩子们传授文化，这在他看来，是一件非常神圣的工作。儿子当了大沟村小学的教师，由民办到在编的国家正式教师，当初月工资只有 5 元、6 元、7 元，老人从来没有嫌弃过。到后来，儿子的工资涨到几十元、几百元，老人总是提醒自己的儿子：咱拿人家那么高的工资，得对得起娃娃们！如今，儿子的工资已经超过了千元，老人却总是心存不安地踌躇着：儿子身有残疾，干工作能抵一个正常人吗？

当然，最令老人引以为自豪的还是村民们对儿子工作的认可。老人说，钱不在多少，够花就行，山里人原本就没那么多花钱的地方。但儿子的教师身份是上了国家的“皇粮册”的，那可是一件天大的荣耀。

儿子残疾了，还能不能当老师？在杜俊然老汉看来，儿子残不残似乎并不太重要，重要的是还能不能当老师！

开学的第一天，他比儿子起得还早，就远远地蹲在留山河边，望着静静流淌的河水，一袋又一袋地抽着旱烟。当看到儿媳妇背着儿子上学校时，老人立即明白了什么，三步并作两步地跑回家中，扛上镢头和铁锨，把自家通往学校

的那条山路，一步步地丈量着，一段段地维护着，哪怕是一个凹窝，一个土包，他都要细心地修理平整。老人知道，把路修得尽可能平整些，让儿媳妇背起儿子走得尽可能顺当些。

山里的雨来得快，说下就下，多少年来，每次暴雨过后，老人总是在第一时间抄起工具跑出门外，为儿子、儿媳修路；冬天的每一场雪后，老人也总是第一个拿把扫帚清扫路上的积雪；每次留山河的山洪暴发，都会把人们过河当桥使用的大石块冲走，老人总是在第一时间抢修，搬来最平整、最合适的石头，为儿媳妇铺下过河的路。

儿媳妇背儿子上学校，一背就是 17 年；杜俊然老人修理这段山路，一修也就是 17 年。儿媳妇背儿子在山路上不知摔了多少跤，涉水过河时也不知滑倒了多少回，而老人在修路、扫雪时也不知多少次摔倒了之后又悄悄地爬起来继续再干。

有人算过，17 年来，李正洁背着丈夫在往返学校和家的路上，走过了 2.5 万公里，相当于两个两万五千里长征；而记者也粗略地算计了一下，杜俊然老人修路走过的路程，也有上万公里……

20 多年来，大沟村小学的代课老师换了一个又一个，始终没有留住一位，只有杜广云这个老民办教师坚持了下来，直到转为国家正式教师。1981 年，大沟村识字的人只有 9 个。今年 4 月国家“普九”验收时，全村 528 口人当中，新中国成立后出生的青壮年 100% 全部达到小学以上文化水平，其中还出了 4 名大学生。

伏牛山无语，见证了杜广云为大沟村教育事业所作出的重大贡献；

留山河有声，亲历了杜广云父子两代人在这 2.5 公里的山路上，洒下的汗水和泪水。

如今，76 岁的杜俊然老人，还是一如既往地在为儿子、为儿媳、为大沟村小学的明天，默默无闻不求报酬地修路；李正洁也由一位少妇变为年近五旬的妇女，虽说仍然背着丈夫上学校，但却落下了腰疼、腿疼、肩膀疼的一身疾病。每次面对丈夫的不安，她总是说：“我没事，只要你能把学教好，别误了娃们，我的腰疼病就轻了。”

面对贤达的妻子，杜广云总是憨厚地叹道：“大沟小学，其实就背在我媳妇的脊梁上啊！好媳妇，等我退休之后，天天为你捶背。”

（原载 2007 年 8 月 28 日《教育时报》，作者：郭炳德）

孙　晨

楷模轨迹：1957年8月生，1980年，孙晨作为全国恢复高考后的第一届师范毕业生，被分配到郑州市盲聋哑学校做了一名数学教师。1992年，业务能力突出的孙晨被全校教师投票推选为教务处副主任。2008年教师节，孙晨和学校老师一起受到胡锦涛总书记的亲切慰问。

楷模荣誉：2005年，获“郑州市优秀班主任”荣誉称号；2005年10月，获全国“江民特教园丁奖”。2009年9月，中共河南省委高校工委、省教育厅发出号召，向孙晨同志学习。2010年1月，孙晨被评为第三届河南十大教育新闻人物。

楷模语录：我们特教老师要做学生的眼睛和耳朵，既然有缘走到一起，面对这些“不一样”的学生，我们要像对待亲生的孩子一样，为了他们能拥有美好的未来，付出自己全部的爱……

孙晨：缘自爱

2008年9月10日上午9点20分，是我最激动、最幸福的时刻。胡锦涛总书记在百忙中来到我们学校，走进教师办公室慰问我们这些从事特殊教育的老师。

当胡总书记健步向我们走来的时候，我们激动的心都要跳出来了。在石校长的介绍下，胡总书记和我们每一位教师代表亲切握手，表示慰问。这一刻，我曾在电视里看到的胡总书记亲切、和蔼、慈祥的笑容真切地出现在了我的面前。这一刻，我无比的激动，我真切地感到我是世界上最最幸福的人，这是我最最幸福的时刻，它将永远定格在我的记忆中。

总书记这次亲临我们郑州市盲聋哑学校，慰问全体师生，给予我们很大的鼓舞。作为一名50多岁的老教师，我一定牢记总书记的谆谆教导，进一步增强责任感，加倍努力工作，作出成绩，给残疾学生更多的关爱，让他们和其他的孩子一样，都能够在祖国的大家庭里健康成长。

——摘自孙晨日记《最最幸福的时刻》

整整一年过去了，她仍然清晰地记得，2008年教师节那天，他亲切地握着她的手问："你在这里工作多少年了?"她说："28年了。""28年了，不容易啊。"朴实而深情的话语里蕴涵着语重心长的关怀和慰问。临走的时候，他再一次握住了她的手，那一刻，他那亲切、和蔼、慈祥的笑容已在她的脑海里定格。

他，就是中共中央总书记、国家主席胡锦涛。

而她，则是郑州市盲聋哑学校的一名普通教师——孙晨。

2009年9月1日，是郑州市中小学新学期开学的第一天。一大早，记者便走进郑州市盲聋哑学校，握住了这双总书记曾经握过的手……

与特教结缘，爱如活水源头来

上午第二节是孙晨的数学课。看时间尚早，记者便随孙老师来到她的办公室。办公室里很安静，整洁的办公桌上除了一台电脑、几本教科书和一个被翻得微皱的笔记本，便是几个手工制作的小工艺品——彩纸制作的笔筒、火红的中国结、纸折的千纸鹤。孙老师说，这些都是孩子们为她亲手做的。办公桌旁边的书架上整齐地摆满了书，架上那盆黄色的康乃馨似乎还散发着淡淡的清香。

闲聊间，不自觉便聊到了孙晨刚参加工作那会儿。记者笑着对孙老师说："现在恐怕都找不到第一年工作时的一些物品了吧？"没想到孙老师想了想，从桌子下面的柜子里取出一个红色的小本，问记者："这个算不算？"

这是一个有些泛旧但依然保存完好的《中华人民共和国工会会员证》。上面各项资料都很翔实。姓名：孙晨。性别：女。出生日期：1957 年 8 月 15 日。发证单位：郑州市盲聋哑学校。发证日期：1980 年 12 月 3 日。会员证的照片上，两条大大的麻花辫，年轻的脸庞，微笑着的眉宇间充满了一个劳动者的光荣和自豪。

29 年前，孙晨作为全国恢复高考后的第一届师范毕业生，被分配到郑州市盲聋哑学校做了一名数学老师。

分配通知书是姐夫帮她领回来的："孙晨，通知书下来了，你猜分到哪儿了？估计你想都想不到，郑州市盲聋哑学校！""啊？还有个盲聋哑学校？"23 岁的孙晨第一次听说还有这样一种学校。

1980 年 6 月，孙晨带着好奇与期待，来学校报到了。看到狭小的校园、破旧的校舍，孙晨对前途一片迷茫：这难道就是自己要为之奋斗的理想事业和实现人生价值的地方吗？学校领导给孙晨介绍了学校的情况，让她去教室走走看看，先和学生接触接触。这一接触可把孙晨给急坏了——跟学生说话，他们听不懂，因为这些孩子有听力障碍；他们比画什么孙晨也看不懂，因为她不会手语。

孩子们围在身边咿咿呀呀地说着、比画着，孙晨的内心却开始犹豫了：这里的学生或盲或聋或哑，教他们比教健全学生困难多了，自己又不是特教专业出身，能胜任吗？

然而，从孩子们期待的眼神中，孙晨看到了他们的善良和质朴，看到了他们对生活的热情、对知识的渴望。孙晨下定决心要扎根在这里，用自己的知识和努力，为孩子们的未来保驾护航。

要干好特教工作，能够和学生们无障碍交流，学好手语是第一步。带着这个愿望，孙晨利用暑假天天在家学习手语。她根据手语教材上的示意图，一个单词一个单词地比画，再对着镜子一遍一遍地校正，直到熟悉为止。一本《中国手语》，被她翻得面目全非。就这样，一个假期下来，她基本上掌握了书中的大部分词汇和一些简单的语句。尽管如此，新学期的第一堂课下来，孙晨感觉还是有些力不从心，有些想表达的思想还是表达不出来。但是，学生们给她送来了信任、理解的目光，听课的老师们也送来了鼓励的掌声，这更加坚定了她做好一名特教教师的决心。

听同事说，学习手语要经常接触学生，才能学得快。于是，孙晨一有机会就走到孩子们中间，与他们进行手语交流，让孩子们帮她学习手语。果然，孙晨进步很快，3 个月后，她用手语和学生们进行日常沟通已经没有问题。打手语成为她的习惯表达方式，以至于在日常生活中常常不自觉地打起手语来。亲友们都笑她："耶？你和我们也打起手势来了？"

沟通没了障碍，心的距离就更近了。孩子们也更加喜欢这位新来的数学老师了。"我上课的时候，原来没有放粉笔的木盒，都是用一个纸做的粉笔盒盖放粉笔。谁知六（1）班的学生悄悄地为我做了一个木盒子，上面还写有'六年级学生人'等字。虽然语言不通，但我想它的意思是'六年级学生送'。这使我很受感动，它不仅体现了学生对老师的尊敬，更体现了学生对老师的希望。"讲起从教第一年的一些细节，孙晨依然历历在目。

"外人说，我们天天跟这样一群孩子打交道，是跳进火坑里了。可我不这么认为。比起孩子们，我们是幸运的，因为至少我们还可以看见这五彩斑斓的世界、听到各种各样的声音。"采访中，孙晨告诉记者，"虽然我们的学生不会说话，但他们与普通孩子一样，对事物是有自己的看法的。而作为教师，我们就要像爱自己的孩子一样，让他们原本灰暗的世界变得色彩缤纷，让他们能像健全人一样在社会上找到自己的位置……"

与讲台结缘，舞台虽小爱无边

"同学们好！""老师好！"9 点 10 分，随着悠扬的上课铃声响起，在该校聋高一（1）班的教室里，孙晨边讲边打着手势，开始了新学期的第一堂数学课《勾股定理》："人类一直想要弄清楚其他星球上是否存在着'人'，并试图与'他们'取得联系，那么，我们怎样才能与外星人接触呢？数学家曾建议用'勾股定理'的图作为与外星人联系的信号……"

就在孙老师利用投影给学生板书的工夫，记者注意到，这个班共有10名学生，比目前普通学校的小班化教学还要"小班化"。然而实际上，这样的教学也并不轻松。孙老师同样的手势连打了三遍，可好几个学生还是无动于衷。她的意思是让大家画一个直角三角形，可就这样简单的指令，却需要花费比普通学校老师多很多的时间。平常在普通学校的课堂上很快就能讲解清楚的问题，在这里却需要孙老师反复耐心地讲，有时甚至需要变换多种方法来讲，学生才能彻底明白。而每当哪个学生因弄明白一个问题而兴奋地朝她打手势时，孙老师总会给他一个鼓励的微笑。

如此慢节奏的课，近30年来，孙老师一直都是这样给孩子们上的。为了教会这些特殊学生学习知识，她不断学习手语，学习聋校教育学、心理学等特教专业理论，并进修了本科学历，为搞好教学做好了充分的理论知识储备。特别是近几年使用新课改教材以后，孙晨都是在假期中把一个学期的课全备好，为的是等开学以后，能根据学生学习的实际情况调整学生容易接受的最佳教学方案。

就在课间休息的时候，学校办公室主任安颖告诉记者："孙老师虽然是老教师，但在教学改革上，不但不输给年轻教师，而且还总是走在前列的。制作教具、幻灯片、多媒体课件什么的，样样都是年轻教师的榜样。"在课堂教学中，孙晨注重根据聋生和教材的特点采用不同的教学方法进行教学。特别是针对聋生形象思维优于抽象思维的特点，孙晨对教材进行了"形象化处理"的研究。她充分利用学生的视觉优势，自制了大量的教具、课件，采用投影、背投、教学终端设备等现代化的教学手段进行教学，使一些数学问题化抽象为具体。如在进行"浓度问题"的应用题教学以及"二次函数"的教学中，孙晨应用了多媒体的教学方法，使学生很快理解了题意和数量关系，取得了很好的教学效果。她制作的课件《二次函数图像》因此还获得了省级一等奖。在课堂教学的同时，孙晨还注意培养学生的数学思维和学习兴趣。她的课堂气氛活跃，深受学生们的好评。

1992年，业务能力突出的孙老师被全校教师投票推选为教务处副主任。几年后，由于工作的需要，孙晨又重新回到了教学一线。然而她不但没有任何怨言，而且工作更加严谨认真、兢兢业业。为了教好这些聋生，在教授知识的同时，经过长期的探索和研究，孙晨撰写了《如何发展聋生的智力》《对聋生进行心理辅导工作的探讨》《在教育教学中培养聋生创新意识的尝试》《加强对聋生进行数学思想方法的教学》《对盲聋学生进行社会能力培养的实验报告》《浅谈如何在聋校数学教学中渗透德育》《把爱献给聋哑孩子们——班主任工作体会》等论文，并取得了相关研究成果，得到了全国、省、市教育部门的认可。

谈到孙晨的严谨，聋班高一语文教师张琳感受颇深。"三次试讲课"的经历让她终生难忘。那是2001年学校组织的一次公开课评比活动，按照学校惯例，每位教师在上公开课前，都要先给本教研组组长试讲一下。当时身为聋班教研组组长的孙晨听了张琳的课后，提出了一些具体的修改意见和建议。然而张琳心想："我教的是语文，而你一直从事的是数学教学。语文课堂与数学课堂毕竟还是有区别的。再说了，我都教了3年语文课了，还不知道这课怎么上吗?"于是，自我感觉良好的她根本没把孙老师的话放在心上。

一般上公开课前，教师只需要试讲一次就行了。哪知，就在上公开课的前两天，孙老师却要求再听一下张琳的课，看看改进得怎么样了。张琳只好硬着头皮把原来准备的课又几乎"原封不动"地上了一遍。"怎么没啥改进呀?"面对孙晨的问话，张琳不好意思地说："我感觉应该可以了吧。""教学上可来不得半点马虎，不是'应该可以'，而是要'绝对可以'。"孙晨一席话说得张琳无地自容。第二天，张琳把改进后的课又主动向孙老师讲了一次。末了，孙老师又对一些细节进行了指导。

"公开课讲完了，实际效果比我预想得还要好。说实在的，我打心眼儿里佩服孙老师。她的认真、严谨和追求完美的工作态度也让我们这些年轻教师不敢有丝毫懈怠。"张琳感慨地说，"几十年来，孙老师把她无边的爱献给了这群不一样的孩子，并且经常指导我们年轻教师如何与学生交流、如何走进学生的心灵。她获得的最大荣誉就是家长、学生以及所有老师对她的一致好评，这也是我奋斗的目标。如果将来有一天我也能像孙老师一样，我就心满意足了。"

与学生结缘，桃李不言爱成蹊

孙晨的家离学校不算太远，多年来，她已习惯于每天中午放学后回家吃饭。为了对孙老师有更加全面的了解，记者请求随她一道到家里看看。孙老师有些不好意思地说："当然欢迎喽！不过就是家里太乱，你们可千万别笑话呀！"

孙老师的家是两室一厅，面积不足 70 平方米。由于需要摆放的物品太多，让这个本来就不太大的房子显得更加逼仄。卧室兼书房的书桌上，一摞码得整整齐齐的贺卡和信件显得特别醒目，每张贺卡上都写满了学生对孙老师的祝福——

“孙老师，我们想对您说，我们永远爱您，因为您爱我们，把我们当朋友、当孩子。我们感谢您教我们丰富的知识、做人的道理，真心地感谢您！”

“孙老师教我们不到 4 年，我们就已经有了深厚的情谊。为了我们的学习，老师忙完了白天又忙黑夜，我很感动……您在我的心中占据着很大的位置，即使您变老了，您在我心里的地位也不会变。祝您节日快乐！”

……

“那张是 2005 届学生苏畅送给我的新年贺卡，她当时是我们班的班长；这张是刘大伟 2005 年教师节时送的，这孩子可调皮了……”见记者对这摞贺卡感兴趣，孙老师便向记者介绍着每一张贺卡及其背后的故事。她说，其实每封信、每张贺卡都是一个信息按钮，打开它，就像打开了记忆的闸门……

多年来，孙晨除授课外，还担任两个班的班主任。由于学生大多都寄宿在校，长时间不回家，父母也不在身边，在这种情况下，作为班主任的孙晨觉得只有给予孩子们更多的关爱，才不会让他们感到孤独和无助，从而能够安心学习。

班上曾经有一名叫宋铮的学生，家境贫困。孙老师特地为他向学校申请了助学金以及其他贫困补助，帮助他解决经济上的困难，并鼓励他努力学习、奋发向上。在生活上，孙晨更是给予了他无微不至的关怀。一次，宋铮生病了，医生说是缺乏维生素，除药物治疗外还要多吃水果以补充维生素。没想到第二天，孙晨便为他买来了一大兜水果。看着老师买来的水果，宋铮流着泪打着手语：“谢谢孙老师，谁也没有为我买过这么多的水果，你就是我的亲妈妈！”在孙老师的关怀和激励下，宋铮学习异常刻苦，一跃成为全班学习成绩数一数二的学生。考上大学那年，他的家长专门找到孙晨当面表示感谢：“孙老师，多亏了您的鼓励和关爱，才使孩子走到了今天，我们对孩子的未来充满了希望！”

如今，大学毕业的宋铮，已经成为南阳市聋哑学校的一名优秀教师。在他 2008 年寄给孙老师的新年贺卡上，记者看到了这样一段话：“孙老师，你像妈妈一样，照顾着我们这些孩子。我衷心祝福你新年快乐！长命百岁！我要大声地对世界说：我的孙老师是世界上最伟大的人！我实在太爱孙老师啦！”

班里那个可爱的女生杨灵均，不知是否还记得那次“有惊无险”的经历。

2001年5月的一天，杨灵均突然肚子疼得厉害。孙老师发现后，经过询问，感觉这不是一般的肚子疼症状，就急忙把她送到学校附近的武警医院。从挂号到看病、化验、做B超、交费、取药，楼上楼下，孙晨不知跑了多少趟，整整忙了一个下午。医生为灵均打上点滴后，疼痛的症状渐渐消失了，孙晨才长长舒了口气。这时，她浑身就像散了架一样，可还是坚持守在病房里，一直等到晚上7点多灵均的家长从漯河老家赶来。她把病情向家长讲清楚之后，又交代了医生叮嘱的注意事项，这才放心地回到家中。灵均的姨夫感激地说："看把老师急的，你真是比我们家长还操心。孩子在您身边，我们真是省心了！"

……

听着这一个个感人的故事，记者又不禁想起，聋班高中组语文教师刘莉在课间休息时，向记者提到的那个差点儿没入上学的男孩儿张栓。2002年，张栓在妈妈的陪同下一块儿来学校报到，正好被分到了孙老师的班里。可在向学校交纳学费时，在场所有人，包括孙晨在内，都被当时的情景震住了：张栓的妈妈摸索着从包里掏出一沓钞票，厚厚的，全是10元面值，大概有四五百元，可这点儿钱连交学费都不够，更别说张栓今后的生活费了。"家里实在困难，东挪西借才凑了这几百块钱……"见此情景，不等张栓的妈妈把话说完，孙晨便直接说："不够的我先给垫上，不能让孩子上不成学呀！"随后，孙晨还给了张栓一些生活费。

"张栓呀，他学习很刻苦，还特别懂事。有时候天变冷了，我把自己孩子的毛衣拿给他穿，他还不好意思。过一段时间，他让妈妈专门又把毛衣送了回来。前段日子，张栓还告诉我，他现在已经在一家方便面厂上班了。"孙晨向记者讲着张栓的一切，就像述说着自己的孩子一样。

"教师之于学生，正如父母之于子女，都是一样——不求回报。不一样的孩子，一样的爱。有时翻翻这些信和贺卡，回忆回忆这些与学生之间的点滴小事，就像回忆自己孩子的成长历程一样，这本身就是一种幸福，并且是特有满足感的那种幸福。"

大爱无声。就这样，在点点滴滴的爱的付出与操劳中，孙晨如慈母般经历着艰辛，品味着快乐，收获着幸福。

与幸福结缘，春华秋实都是爱

孙晨家客厅的冰箱上，有一张大大的照片特别引人注目。那是一张央视

《新闻联播》的视频截图，孙老师的儿子把它冲洗放大后，夹在相框里，放在了客厅最显眼的位置。

相同的情景，记者在新华网上见过，在《人民日报》《光明日报》的头版上见过，在郑州市盲聋哑学校的荣誉室里也见过。不过，在这里再次看到它，记者感到分外的亲切，这亲切中透着一种家常。这便是2008年教师节，胡锦涛总书记到郑州市盲聋哑学校慰问时与孙晨握手的照片。

如今，奋斗了大半辈子、桃李满天下的孙晨应该是最幸福的人了。她所教过的学生中，有的在中州大学特教学院教课，有的进了大型企业，有的做起了老板，还有一名学生当上了郑州市聋协副主席。她所带的2005届高中毕业班学生顺利毕业，并且全部考上了大学；2008年所带的毕业班13人参加高考，12人考上了大学，取得了郑州市盲聋哑学校历年高考的最好成绩。

无数的荣誉也可以见证孙晨辛勤的付出：1988年，获郑州市首届青年教师数学教学课堂评比一等奖；1994年，获郑州市残疾人"三项康复"工作先进个人；1996年，获郑州市二七区政府表彰的"普九"工作先进个人；1998年，获郑州市特殊教育学校教师五项基本功大赛辅导一等奖；2000—2002年，连续三年年终考核优秀；2005年，获"郑州市优秀班主任"荣誉称号……

在教育教学研究方面，孙晨先后获得省级教学成果二等奖5项，获得市级教育教学论文和教学成果一、二等奖共7项，同时她还获得了全国教育科学"十五"规划教育部重点课题优秀论文一等奖、第二届全国现代特殊教育论文大赛二等奖。

2005年10月，孙晨荣获全国"江民特教园丁奖"，并在北京人民大会堂受到隆重表彰。这更是作为一名特殊教育工作者至高无上的荣誉。同时，孙晨也成了自2001年全国"江民特教园丁奖"设立以来河南省第一位获此殊荣的教师。

2009年6月，孙晨又被郑州市教育局评为优秀共产党员，并作为代表参加了郑州市教育系统庆七一晚会上的颁奖，晚会上还播放了她的事迹专题片。

9月7日，郑州市委、市政府在全市发出了"向孙晨同志学习"的号召，希望全市广大教育工作者以孙晨为榜样，忠诚于党的教育事业，时刻牢记教书育人的神圣职责，热爱本职，无私奉献。

30年的光阴啊，从风华正茂到年过半百，从青春韶华到双鬓斑白，作为一名普通的人民教师，孙晨走过了一段不平凡的道路，经历了一段不一样的人生。为了特殊教育事业的发展后继有人，近年来，孙晨还热情对新教师给予指导和帮助，帮助青年教师尽快熟悉业务、胜任教学。她指导的实习生有1人被评为学校优秀实习生，2人工作后在全省特殊学校教师优质课比赛中获奖。在对本校青年教师的教学指导中，有4人获省优质课大赛一等奖，3人分别被评为郑州市优秀教师、二七区优秀教师。她也因此获得省优质课大赛辅导一等奖。

夏琳，孙老师这学期刚收的一个新“徒弟”，比孙老师的儿子还小一岁。就在记者听孙老师课的同时，他也在一旁认真地听着、记着。对于这个“妈妈级”的老师，夏琳更是佩服得五体投地：“孙老师属于那种性格偏内向的人，不太爱说话，但她却用她无声的大爱，使孩子们无声的世界变得多姿多彩。她爱护我们这些年轻教师，爱这里的孩子，爱这个讲台……她爱这里的一切，而这一切又都源自爱。”

采访要结束了，在校门口的雕塑前，记者提出给孙老师照张相。这时，十来个学生从操场上跑过来，他们也要跟孙老师合个影。孩子们争先恐后地偎依在孙老师的身旁，或朝记者的镜头做着鬼脸，或兴奋地对孙老师比画着什么。如果此刻你从旁边走过，肯定不会把这群阳光灿烂的孩子和“残疾”联系在一起。

照完合影，孩子们兴奋地跑开了。孙老师则指着雕塑向记者介绍：外边由“C”、“J”两个字母图案代表“残疾”，意指我们学校是一所特殊教育学校；中间的图案分别是一只眼睛和一只耳朵，意指我们教师要做学生的眼睛和耳朵；既然有缘走到一起，面对这些“不一样”的学生，我们要像对待亲生的孩子一样，为了他们能拥有美好的未来，付出自己全部的爱……

（原载2009年9月11日《教育时报》，作者：刘肖、张利军）

学“三平精神”，做“三平教师”

为进一步弘扬“三平精神”，《教育时报》推出了“学三平精神，做三平教师”系列评论，组织了“三平精神”与全省教育改革发展笔谈、“学三平精神，做三平教师”师德主题征文等活动，媒体引导，专家建言，教师献策，深入讨论了“三平精神”对河南教育改革发展的指导意义，引导广大教育工作者主动把自身工作融入到破解发展难题、助推教育事业又好又快发展的实践中，为河南由人力资源大省转向人力资源强省作出应有的贡献。

学“三平精神”，做“三平教师”

——一论学习实践“三平精神”

“平凡之中的伟大追求、平静之中的满腔热血、平常之中的极强烈责任感”——省委书记、省人大常委会主任卢展工在2010年全国两会期间提出的“三平精神”，是对河南人的地域性格的凝练勾勒，也是对新时期河南精神内核的高度概括。4月22日，卢展工对教育时报“三平精神”主题报道作出重要批示，“教师是一个崇高的职业，这种崇高就是体现在‘三平精神’之中”。对于承载着教育2700多万学生艰巨使命的129万河南教育工作者来说，“三平精神”既是我省教师理想信念、生活态度、工作责任的充分体现，也是对品质修养、情操风范、思想境界的内在要求。

平凡中有伟大崇高的“追求”，平静中有满腔沸腾的“热血”，平常中有极强烈的“责任感”，低调而扎实，平静而沉勇，这是河南教育工作者应该具备的姿态，更是河南教育事业发展中理应具备的姿态。在平凡的岗位上依然牢记使命、执著追求、勇挑重担；纵使工作生活十分单调，依然孜孜以求、埋头苦干、刻苦钻研；即便身处偏远的农村学校，依然自信满怀、志向远大、不甘平庸。全省129万教育工作者用自己的实际行动，对“三平精神”作出了最好的诠释。

教书育人是一个润物细无声的过程。对于教育工作者而言，在平凡的岗位上默默奉献是工作的主色调，为了实现培养更多优秀人才的伟大追求，必须从眼前着手、从细节做起，年复一年地与平凡牵手相依；为了实现“为一大事来，做一大事去”的热血激情，必须保有平静心，做到淡泊明志；为了履行“为了一切学生，一切为了学生，为了学生一切”的艰巨责任，必须在平常始终不渝地追求乐学、敬业的境界。在平凡的工作岗位上，我省广大教育工作者爱岗敬业、埋头苦干，涌现出了孙阳吉、李松山、吴玲、王生英、杜广云、孙晨等许多让人敬慕的先进代表，树立起了河南教师的光辉伟大形象。可以说，广大教育工作者之所以能够从平凡之中孕育出伟大，是因为在他们身上保持着一股韧劲，凝聚着“三平精神”。

在平凡中放歌，使自己的才华在教书育人中发挥最大价值；在平静中耕耘，使自己能够持之以恒地认真教学、扎实研究；在平常中闪光，使自己牢记责任、不计得失、竭尽全力地做好教育工作。这是我省教育工作者的真实写照，也是全省人民对教育工作者寄予的厚望。当前，我省各级各类教育保持着良好的发展态势，全省教育工作者正在科学发展观和党的教育方针的指引下，聚精会神搞建设，一心一意谋发展。只要全省教育工作者都能在平凡的岗位上胸怀理想、恪尽职守、牢记使命、无私奉献，河南教育事业就能呈现出非凡的气势来，就会为实现中原崛起提供更为强大的智力支持和人才支撑。

一腔热血勤珍重，洒去犹能化碧涛。伟大的教育事业要求我们必须拥有伟大的追求，活力四射的学生要求我们必须拥有满腔的热情，中原崛起的历史使命要求我们必须拥有强烈的责任感。让我们大力弘扬“三平精神”，做一名“三平教师”，在平凡的三尺讲台上创造不平凡的光彩人生！

（原载2010年4月27日《教育时报》，作者：教育时报评论员）

平凡是教师的本色，伟大是教师的气质

——二论学习实践“三平精神”

教育是由平凡创造伟大的事业，教师是平凡中蕴藏伟大的职业。

平凡，是教师职业美的本色，因为教育过程由许多琐碎小事串联着，需要每一位教师持之以恒地坚守；伟大，是教师职业美的气质，因为教育要实现传承文明、塑造人才、推进社会进步的目的，需要融入每时每刻的教育过程中。所以说，省委书记卢展工所提出的“三平精神”之一“平凡之中的伟大追求”，是每一位教师每时每刻都要恪守的职业诉求。

只有每一位平凡教师都具有伟大的追求，教育目的才能得以实现。一个人的成长离不开许多学段教师的共同培养，幼儿园教师、小学教师、中学教师、大学教师等，构成了一个递进的教育链，环环相扣，层层深入，使一个人能够完成全部教育；一个人的成才离不开许多学科教师的知识滋养，语文教师、数学教师、政治教师等，构成了一个完整的教育网，相依相连，彼此渗透，使一个人能够获得全面教育。正如苏联教育家马卡连柯指出：“无论哪一个教师都不能单独进行工作，而应成为教师集体中的一分子。”因此，每一位教师都应具有培养全面而优秀人才的伟大追求，与同事协调配合，才能形成一个坚强而自觉的集体，才能让学生获得最大限度的提升和发展，才能让教育目的得以实现。

只有每一件平凡教育小事中都蕴涵伟大的追求，教育目的才能得以实现。教师每天要备课、授课、批改作业等，相生相依，不可或缺，最终实现传承文明的目的；教师每天都要关注学生的思想变化、关心学生的生活情况、组织各种班级活动等，细致入微，体贴周到，让学生在潜移默化中健康快乐地成长。教育无小事。这些琐碎小事对学生来说是成长中的大事。这些关乎每一位学生身心发展的小事如果处理得稍有不慎，就可能伤害一颗稚嫩的心灵，甚至影响其一生的发展。所以说，教师在处理这些看似不起眼的小事时，都应具有培养健康而乐观人才的伟大追求，才能成就教师职业的伟大，编织出教育事业的灿烂和辉煌。

只有每一个平凡时刻都承载伟大的追求，教育目的才能得以实现。十年树木，百年树人。教育活动必须与学生的实践相结合，才能产生良好的效果。这一过程不能一蹴而就，需要经过许多反复和磨炼。所以，教师的劳动是长期和长效的，需要经过时间的历练才能见效果。这就需要教师以极大的毅力、滴水穿石的精神、耐心细致的工作去影响和感染学生，需要始终充满热情和信心地鼓励学生，引导学生看到自己点点滴滴的进步，进而使其增强继续进步的信心。教师的成就与学生的一生发展连在一起，需要教师拥有超越功利的清高和拒绝浮躁的淡泊，也需要教师默默奉献的品性和矢志不渝的坚守。这不仅显示了教育工作平凡却不可或缺的特性，而且证明了教师职业对学生个体发展、社会进步的重要意义。

教育工作的平凡会给教师稳定、平和、静谧的感受，激起教师对职业的亲近；教育工作的伟大则带给教师肃穆、震撼、感奋的感受，激起教师对职业的神往。可以说，这种平凡而伟大的特性便是教育事业的最高境界，需要每一位教师用自己毕生的付出去捍卫。

教师在平凡中创造着伟大，教师因平凡而伟大！让我们坚守住这份平凡，怀抱终身从教之志，在平凡的岗位上作出伟大的奉献，做一个平凡而伟大的人民教师吧！

（原载2010年4月30日《教育时报》，作者：教育时报评论员）

平静成就人生，激情成就伟业

——三论学习实践“三平精神”

平静是教育工作者应有的一种人生态度，满腔热血是成就教育伟业的先决条件。

作为全国第一人口大省，河南教育事业的改革与发展，任重而道远。投身于这一宏图伟业，需要广大教育工作者孜孜以求、奋发有为。卢展工书记所提“三平精神”之一“平静之中的满腔热血”，体现的是孜孜以求、奋发有为的良好精神状态。每一位教育工作者只有具备淡泊明志的高尚情操，保持助推河南教育事业发展与提升的激情，才能在教育事业发展中多做事、多奉献。

非淡泊无以明志，非宁静无以致远。哲人先贤用自己的一生经历告诉世人，人生莫求轰轰烈烈、利禄功名，但求平和如常、从容淡定，最终才能实现远大的目标。所以说，平静并不是人生没有寄托、事业没有激情，而是对人生、对事业怀有满腔热血、满怀激情，始终保持积极进取的态度和为事业倾情投入的精神境界。满腔热血、激情迸发，是成就一番事业的先决条件。全省129万教育工作者，大都认认真真教学生、扎扎实实做学问、勤勤恳恳搞研究，不论分内分外，满怀激情地创造着一流的教育成绩，在平静中实现自己的理想追求，在平静中酝酿蓬勃向上的激情。近年来，我省各级各类教育实现跨越式发展的背后，无不蕴涵着广大教育工作者澎湃的激情与恢弘的气势，无不展现出广大教育工作者奋发进取的精神与开拓创新的气魄。

“平静之中的满腔热血”，要求广大教育工作者要有科学的态度和求实的作风。世界上有两种人渴望别人超越自己，一是自己的父母，二便是老师；世界上有两种人宁愿自己一事无成而甘为精神拓荒者，一是艺术家，二便是老师。这种甘为垫脚石的心态中蕴涵着一种无声的爱，是滋润学生心灵的无声，是助推学生成长的无声。这种无声的爱要求广大教育工作者要有平静的心态、平实的作风，不急功近利，不做表面文章。教育工作者要实现“平静之中的满腔热血”，就要把内心勃发的工作热情与脚踏实地的实干作风紧密结合起来，满怀激情而又认真扎实地做好每一件事情，使教育事业保持又好又快发展的势头，使我省快速实现由人力资源大省向人力资源强省转变，为河南振兴、中原崛起提供强有力的智力支持和人才支撑。

伟大的教育工作者一定是拥有满腔热血的人。平静思考对教育工作者来说是需要的，但更要富有满腔激情。教育事业是“苟日新，日日新，又日新”的事业，每一天的内涵与主题都不同。作为一名教育工作者，只有具备强烈的冲动、热情，才能够拥有诗意般的教育生活。也只有具备了这样的品格，永远憧憬明天，永远激情常在，才能用自己兴奋的情绪来激励学生，用自己的勃勃生机来鼓舞学生。美国学者威伍在《激情，成就一个教师》一文中说：“伟大的教师一定是激情的教师。”广大教育工作者应该用激情号召学生，用激情感染学生，把学生追求上进的激情点燃，把学生信念的风帆升起。教育工作者只要一如既往地保持激情与干劲，教育教学改革就会有强劲的动力，就会不断改革创新、攻坚克难，实现既定的发展目标，使河南教育事业无往而不胜。

“平静之中的满腔热血”，源于对党的教育事业的忠诚热爱，对省委、省政府“科教兴豫”战略的深刻认识。新起点上的河南教育事业正激励着我们，光荣的使命正召唤着我们，让我们在教育事业改革发展的实践中坚持“四个重在”，勇于担当责任，在教育教学中迸发激情，满腔热血地做好各项工作，力争创造出一流业绩来。

（原载 2010 年 5 月 11 日《教育时报》，作者：教育时报评论员）

光荣在于平常，责任在于担当

——四论学习实践“三平精神”

没有责任感的教育是苍白的，没有极强烈责任感的教育工作者是平庸的。

在市场经济的滚滚洪流中，广大教育工作者保持一颗平常心，更容易到达宁静致远的境界。面对大千世界，教师的人生选择其实指向性很明确，既然无法抛却和学生一起徜徉知识海洋的快乐、无法抛却桃李满天下带来的快乐、无法抛却为社会发展添力的快乐，那就应该切实担负起教育工作者的责任。

责任感是一个人对自己、对自然界和对人类社会主动施以积极有益作用的精神，是一种自觉做好分内分外一切有益事情的精神状态。有了责任感，才能驱动自己有所为、有所成。极强烈的责任感层次更高、要求更严，是一种品质修养、情操风范、思想境界。对于教育工作者来说，具有极强烈的责任感，就是要对党的教育事业高度负责，立足岗位，脚踏实地，胸怀全局，不断开创教育事业的新局面；就是要对提高全民族素质高度负责，勇于担当，积极作为，尽心尽力，为培育中国特色社会主义事业的建设者和接班人贡献力量；就是要对祖国的未来高度负责，播撒智慧，放飞梦想，创造辉煌，为建设人力资源强国和创新型国家作出更大贡献。

一个有责任感的教育工作者，是一个对自己高度负责的人。作为学生成长的引路人，教师的一言一行无不对学生起着潜移默化的作用。教师不仅会影响一个人的学生时代，甚至会影响一个人的一生。只有对自己高度负责，才会敬业、律己、爱生；只有对自己高度负责，才会产生人格的魅力。高尚的师德，是对学生最生动、最具体、最深远的教育。广大教师必须树立高尚的道德情操和精神追求，爱岗敬业，严谨笃学，静下心来教书、潜下心来育人，关爱每一个学生，以真情、真心、真诚教育影响学生，促进每一个学生健康成长。所以说，对自己负责是对学生负责的最好方式，是对教育最大最好的责任感。

一个有责任感的教育工作者，是对学生高度负责的人。对学生负责意味着对全体学生负责，公正平等，正直无私，一视同仁，满腔热忱地关心每个学生，从每个学生的特点出发，全心全意教育好每一个学生；对学生负责意味着对学生全面负责，不仅要关注学生的学业，也要关心学生的情感、态度和价值观，还要关心学生的生活、健康、品德和习惯；对学生负责意味着对学生终身发展负责，要精心打造学生在未来社会生活和竞争中立于不败之地的核心素养，如社会责任感、科学与人文素养、创新精神与实践能力等；对学生负责意味着要成为学生学习的促进者、要成为学生成长的伙伴。唯如此，教育工作者的责任心才能成为学生进步和发展的真正动力。

一个有责任感的教育工作者，是对社会高度负责的人。教育应该使学生具有人文关怀精神，使其在离开学校的时候，带走的不仅仅是知识，更重要的是对未来社会的远大理想和追求。教育事业是着眼于孩子一生发展的事业，是为社会未来发展奠基的事业。教育工作者的极强烈社会责任感，会影响着学生的社会责任感，直接影响到学生的未来发展。一个有教育责任感的教师，应该非常关注社会、非常关注人类的命运、非常注重培养学生的社会责任感。只有教师拥有极强烈的社会责任感，才能塑造学生的社会责任感。

桃李不言，下自成蹊。教育工作者人生的最大意义在于对教育责任的担当，在于对“光荣在于平常”的不懈实践，从而升华自己、造福社会。此即“平常之中的极强烈责任感”！

（原载2010年5月14日《教育时报》，作者：教育时报评论员）

让“三平精神”成为助推教育发展的不懈动力

——五论学习实践“三平精神”

《教育时报》关于“三平精神”的主题报道相继得到领导同志的高度评价。

省委书记、省人大常委会主任卢展工在批示中指出：“教师是一个崇高的职业，这种崇高就是体现在‘三平精神’之中。”省委常委、宣传部部长、副省长孔玉芳在批示中希望：“弘扬主旋律，打好主动仗，为教育事业的发展与提升，为河南振兴、中原崛起发挥作用。”副省长徐济超在批示中指出：“惊天动地的事业是在千千万万个‘平’字中凝聚而成的。今天的教育领域更需要奠定‘三平’的思想基础，更需要弘扬‘三平’的职业精神。”河南省委高校工委书记、省教育厅厅长蒋笃运（现任河南省人大常委会副主任，编者注）在接受本报记者专访时指出：“让‘三平精神’化为每个教育工作者的实际行动，让‘三平精神’在广大教师身上得到最充分的体现。”

领导的批示对我省教育事业和广大教师提出了殷切希望，也为我省教育事业今后的发展提出了更高的要求。贯彻落实批示精神，就要在全省广大教师中开展“三平精神”学习教育活动，让“三平精神”在广大教师身上得到最充分的体现，为我省教育事业发展提供厚实的思想基础。

让“三平精神”在广大教师身上得到充分体现，就是要把弘扬“三平精神”与师德师风建设相结合。广大教师是教育事业的保证、活力、阶梯和脊梁，肩负着全面贯彻党的教育方针的重大责任，肩负着办好人民满意教育的重大使命，肩负着为推进河南振兴、中原崛起培养高素质人才的神圣职责。我们要按照卢展工书记等领导提出的要求，胸怀祖国、热爱人民，学为人师、行为世范，默默耕耘、无私奉献，爱岗敬业、关爱学生，刻苦钻研、严谨笃学，勇于创新、奋发进取，淡泊名利、志存高远，真正在全社会树立为人师表的形象，以良好的形象赢得全社会真正的尊重。

让“三平精神”在广大教师身上得到充分体现，就是要把弘扬“三平精神”与培养优秀人才的教育目标相结合。大力发展教育事业，是发挥我省人力资源优势、建设创新型社会、加快推进河南振兴和中原崛起的必然选择。这就要求全省广大教师充分发扬“三平精神”，崇尚科学、严谨笃学，做热爱学习、善于学习和重视学习的楷模；坚持不懈地学习新知识、新科学、新技能，不断提高教学品质和教书育人的本领；积极投身教学改革，把最先进的方法、最现代的理念、最宝贵的知识传授给学生，努力培养创新型、实用型和复合型人才。

让“三平精神”在广大教师身上得到充分体现，就是要把弘扬“三平精神”与推进中原崛起、中华民族伟大复兴的神圣使命相结合。我省近年来正奋斗在由人力资源大省向人力资源强省跨越、由经济大省向经济强省跨越、由文化大省向文化强省跨越的过程中，这就要求我省必须加快由教育大省向教育强省跨越的步伐。而广大教师是推动这一历史使命的中坚力量。国务院刚刚审议通过的《国家中长期教育改革和发展规划纲要（2010—2020年）》和我省即将颁布的《河南省中长期教育改革和发展规划纲要》，为我省教育事业发展指明了方向。这就需要广大教师充分发扬“三平精神”，敢于冲破传统观念的束缚，大胆进行探索和改革，无论在思想观念、发展方式上，还是在教学质量、办学水平以及管理水平、工作水平上，都能加快改革的步伐，提升发展的质量。

我们倡议，全省广大教师要按照省委高校工委、省教育厅党组的部署，深入开展“三平精神”学习教育活动，进一步增强办人民满意的教育、当社会满意的教师的历史使命感和社会责任感，让“三平精神”成为我省广大教师坚实的思想基础，成为助推我省教育发展的不懈动力，以利于教育事业的发展和教育对中原崛起的支撑与基础作用的发挥。

（原载2010年5月18日《教育时报》，作者：教育时报评论员）

“三平精神”对学校发展的指导意义

□ 张亚伟

近几年来，我国接受高等教育的学生逐年增加，这体现了我国综合国力的显著提升和国家对教育事业的重视，也为我国现代化建设提供了大量的优秀人才。但同时，高等教育的质量问题、大学生的就业问题等日益引起社会关注。如何增强学校自身实力、解决大学生的就业问题成为当前高校的严峻任务。

解读“三平精神”不难发现，它对学校发展，对大学生准确定位、实现自身价值具有重要的指导意义。搞好学校建设、培养优秀人才、服务经济社会发展和引导广大学生贡献社会需要发扬“三平精神”。

“平凡之中的伟大追求”，我们每个人只是社会中极其平凡的一分子，都是一个普普通通的人。大学生只有以这种平凡之心来看待自己，才能正确地定位自己，做到不端架子、不摆谱。教育工作者要在平凡的岗位上，努力提高自身的业务水平，平凡并不意味着平庸，要以平凡的心态来看待自己，以伟大的追求来砥砺自己。

“平静之中的满腔热血”，大学生首先要有一颗平静、平和的心，淡泊名利，宁静致远，戒骄戒躁，努力学习科学文化知识，提高实践操作水平，以满腔的热血和激情提高自身素质，进而融入社会、奉献社会、回报社会。大学生正值青春年华，只有把握好这几年的黄金时间，才能无悔于人生。对于广大教师来说，要爱岗敬业，满怀爱生的热情、满怀教书育人的激情，满腔热血地做一名教育者。

“平常之中的极强烈责任感”，一年 365 天，或许很平常，但在面对每一天会出现的挑战时，只有胸怀强烈责任感的人才能不辜负社会给予的使命，创造平常之中不平凡的业绩和飞跃。大学阶段是人生走向成熟的重要阶段，是决定人生成败的关键时期，教育工作者要抱着对社会的强烈责任感，教育好学生，服务社会。

“三平精神”既要求当代大学生一步一个脚印地努力学习，更要求教育工作者坚定信念、树立远大理想、以饱满的激情和热情迎接社会的各项挑战。高等学校要通过课堂教学，通过创业就业理论课的积极引导，通过典型的示范案例，引导广大学生从小事做起、从基层做起，不断积累、不断开拓，干一番属于自己的事业。教育工作者要以身作则，做学生的榜样，用自身的才华和精神感染大学生。只要大学生端正心态，积极进取，开阔视野，不忘责任，教师在教书的同时做好育人工作，以良好的师德感染和教育学生，加上学校诚朴校风的引导和教育，学校的事业就能又好又快地发展，祖国的教育事业就能绽放出灿烂的光彩。

（原载2010年3月16日《教育时报》，作者时任河南师范大学党委书记）

要树立使命感、紧迫感、责任感

□ 刘金海

卢展工同志提出的“三平精神”是对河南精神的浓缩与提炼，也是对河南人的基本要求，与愚公移山精神、红旗渠精神、焦裕禄精神既一脉相承又与时俱进，是新时期河南精神的集中概括和高度升华。当前，我省高等教育事业正处于改革发展的关键时期，作好我省教育事业的规划，努力推动我省高等教育事业大发展大繁荣，迫切需要我们践行“三平精神”。

甘于平凡，志存高远，增强推进高等教育事业改革发展的使命感。教师的岗位是平凡的，教育事业是伟大的；教师从事的工作是平凡的，教育事业改革发展的实践是伟大的。能够投身教育事业，即使岗位再平凡，也是一种光荣。平凡并不是平庸，平凡之中蕴藏着伟大。许多教师都在平凡的岗位上作出了不平凡的贡献。推进教育事业的改革发展是国家正在进行的一项重大工程，高校教师和领导要认识到自己肩负的使命，增强荣誉感和使命感，立足平凡，志存高远，从为国家培养合格人才的高度，从推进中原崛起的高度，从教育事业健康发展的高度，积极建言献策，增强推进高等教育事业改革发展的使命感。

执著追求，埋头苦干，增强推进高等教育事业改革发展的紧迫感。“三平精神”突出的是求真务实，倡导的是持之以恒，弘扬践行“三平精神”归根结底需要执著追求、埋头苦干。要在平凡中奉献、平静中耕耘、平常中建业，追求理想百折不挠，埋头苦干无怨无悔。在教书育人的光辉征程中，守得住清贫，耐得住寂寞，经得住诱惑，认认真真教书，扎扎实实育人，刻苦钻研教育规律，积极创新教育方法，努力提高教育技能，不断增强推进高等教育事业改革发展的紧迫感，为国家培养更多更好的人才。

恪尽职守，乐于奉献，增强推进高等教育事业改革发展的责任感。从事教育事业，是一种承诺，更是一份责任。责任与平凡无关，奉献与平凡无关。责任与奉献是教书育人崇高使命感的驱使，是推进教育大发展大繁荣这一紧迫使命的要求。崇高的使命感驱使我们教育工作者兢兢业业、恪尽职守，强烈的紧迫感激励我们教育工作者默默耕耘、乐于奉献。从事教育事业，教育工作者要在平凡的工作岗位上执著追求，在平静的工作状态中满怀豪情，在平常的生活中有所作为。

卢展工同志说：“教育要先行，教育要提高，教育要集聚，教育要创新；教育多关心，教育多研究，教育多投入，教育多合力。”推动高等教育事业大发展大繁荣要树立使命感、紧迫感、责任感，既脚踏实地，又志向远大。河南教育学院自1955年建校以来，就是秉承“平凡之中的伟大追求、平静之中的满腔热血、平常之中的极强烈责任感”这一精神，广大师生员工心往一处想、劲往一处使，以满腔的热血和强烈的责任感，为国家培养了20多万人才。他们不以平凡而不为，不以平静而懈怠，不以平常而无为，都在践行并弘扬着“三平精神”，为祖国特别是河南教育事业和经济社会的发展作出了重要贡献。

（原载2010年3月16日《教育时报》，作者系河南教育学院院长）

立足“三平精神”，用心教书育人

□ 王文臣

卢展工同志提出的“三平精神”，引起了我省理论界和媒体的关注。对于教育工作者来说，“三平精神”也道出了应持有的基本职业道德要求——甘于平凡，勇于创新，敢于担当。

作为一名教育工作者，要甘于平凡。教育事业需要平凡教师的倾情投入，只有甘于平凡的教师才能坚守教育事业、从容而淡定地面对平凡普通的教育岗位。不仅如此，平凡的教师还要在平凡的教育岗位上为社会培养出更多平凡的人来。从这一角度而言，教师的平凡心态将直接影响着那些受过教育后积极投身现代化建设的建设者们能否以一种平凡的心态投入工作。平凡之所以为平凡，是因为它蕴涵一种伟大的追求。对于教师而言，那就是要用心教书育人，学而不厌，诲人不倦，尽力而为，无怨无悔。如此方能让我们的学生耳濡目染，感同身受，保持平凡心态，尽力做好每一份工作。

作为一名教育工作者，要勇于创新。“平静之中的满腔热血”就是一种敢于打破平静推陈出新的精神和斗志。教育事业更是如此，时代的发展为每一位普通教育者提出了诸多全新的问题，大到如何全面提高教育质量、提高人才培养质量，小到如何读书、写作和交往等问题。这些问题的解决都离不开每一位教育工作者的“满腔热血”，离不开他们敢闯敢干的拼命精神。学生问题再小也是大问题，教育上的事情再细微也是大事情，要想真正做到这一点，就必须满怀热情，实心实意替学生着想。

作为一名教育工作者，更需要一种敢于担当的责任意识。敢于担当是每一位教育工作者必须具备的基本工作态度，更应该成为每一位知识分子最基本的生活方式。“平常之中的极强烈责任感”强调的正是这层含义，它既是前两点的归纳，也是一种境界的提升。甘于平凡是一种责任意识的体现，勇于创新也是一种出于责任意识的本然要求，但一旦将这种责任感内化到内心深处，它就成了一种基本的生活态度，使我们在日常工作中敢于担当自己的使命，敢于担当工作中遭遇到的困难，更敢于担当自己的过失，始终保持一名知识分子应有的责任意识，始终将发展繁荣祖国的教育事业当成自己的历史使命，如此方不辱教育工作者的使命，彰显知识分子的本色。

作为一名教育工作者，要从日常小事做起，始终把祖国的教育事业放在心头，激情满怀，不辱使命，在平凡岗位上成就不平凡的人生！

（原载2010年3月16日《教育时报》，作者系信阳师范学院院长助理）

为平凡人，立不凡志，创非凡业

□ 王学进

卢展工同志提出的“三平精神”，既是对河南人优良传统美德的形象化概括，也是对现阶段各行各业中开拓进取的河南人民的殷切嘱托和美好期望。细细分析“三平精神”，我们会发现，其道德起点是“平和”，价值归宿是“非凡”，行动核心则是“务实、创新”。唯其平和，才能从容淡定，笑对纷纭世事；唯有务实创新，才能实现不凡志向，造就非凡业绩。简言之，就是“为平凡人，立不凡志，创非凡业”。

对于教育工作者来说，发扬“三平精神”，做到“平凡之中的伟大追求”，就是要处理好“平凡”与“伟大”的关系，就是要在平凡的工作岗位上永葆崇高的职业理想和道德追求。

现在，在我们的教师队伍中，有些人忘却了教育的本真，也有些人难耐教育的寂寞，他们大都在繁华世界里不屑于教师工作的平凡与琐碎，忽略了教师职业的伟大与神圣。实际上，教师是太阳底下最光辉的职业，承担着塑造民族未来的历史重任。教育管理者应引导教师立足平凡岗位，端正职业态度，平衡职业心理，把平凡的人生与伟大的职业追求联系起来，人生之路才能越走越有乐趣、越走越宽广。

对于教育工作者来说，发扬“三平精神”，做到“平静之中的满腔热血”，就是要处理好“平凡”与“激情”的关系，就是要在平静的生活与工作常态下，满怀激情地不断追求事业创新与专业成长。

年复一年的教学生涯容易使教师产生职业倦怠，漫长而滞后的教育成效又容易消磨掉教师的职业自豪感。如何使教师能在平淡的教学生活中常怀创业的激情呢？2010 年是省教育厅确立的“教学改革年”，可以说，教学改革不仅要改革教学内容与方法、教学理念与管理、课程设置与实施，而且涉及教师的专业发展。为了能让教师长久保持干事业的激情，学校管理者就应该制订富有远见的师资队伍发展规划，引导教师设计自己的专业发展年表，让教师每学期都有进步、每学年都有提高。学校应该开辟多元渠道，搭建多层平台，既有魄力请进来，又舍得将资金送出去，让教师处于自觉更新、时时更新的工作状态中，教师的专业成长之路才能越走越坚实。

对于教育工作者来说，发扬“三平精神”，做到“平常之中的极强烈责任感”，就是要在日常名利的诱惑中，固守鲜明的职业道德操守。

古人云：“先师有遗训，忧道不忧贫。”在个人的价值观选择面前，教师的道德信仰永远应该是第一位的。教师职业之所以令人尊敬，正在于它的奉献，在于民族发展的历史价值，也正在于它薪火相传的奉献精神。所以，学校管理者应该大力加强师德教育，让教师自觉抵制庸俗世风的影响，以高尚的师德感染学生，引导学生健康成长。唯有这样，教师的事业之路才能越走越亮丽。

（原载2010年3月16日《教育时报》，作者时任河南省实验中学校长）

厚重河南的解读，师德建设的创新

□朱　丹

近几年，我省推出了《厚重河南》丛书。不知为什么，“厚重”二字久久留在了我大脑的“硬盘”里。何谓“厚重”？对“厚重”最准确明白的诠释是什么？这也成了我常常揣摩的词语。既为厚，就应该永远有嚼不干、品不尽的汁；既为重，就应该时常生仰之高、攻之坚的情。厚重不是一眼就心动的华丽，不是一蹴而就的巧技，不是一语就表达的简约，不是一时就力逮的成就。

卢展工同志2010年全国两会期间在和河南的进京务工人员举行座谈会时，听了务工人员的汇报后，他充分赞扬这些普普通通、踏踏实实、不畏艰难的河南人。卢展工同志用最朴实的语言，对“厚重”作了最精辟的解读。

平凡之中的伟大追求，平静之中的满腔热血，平常之中的极强烈的责任感，才叫人感悟出芸芸大众的生命意义。在这里平凡对伟大、平静对热血、平常对强烈，三个对立的统一，让人参透出“厚重”一词的禅味。

2010年全国两会前后，《国家中长期教育改革和发展规划纲要（2010—2020年）》和《国家中长期人才发展规划纲要（2010—2020年）》几乎同步出炉，这两份文件表达了一个共同的发展需求，就是培养高素质人才，这也是素质教育的方针。我认为要培养高素质的人才，肩负着培养人才责任的教师首先应有较高的整体素质。所以，师德建设成了优先考虑的教育命题。虽然文件出炉前教育系统也一直强调师德建设，并取得了一定的成绩，但问题还不少。这就提醒我们：除了弘扬优秀传统文化中的世界观、价值观、人生观以外，还要创造出师德建设的新维度。

我们要把卢展工同志的讲话应用到指导教育上来。从2009年开始，我们把“养心、养气、养学、养德”四养作为郑州市第一中学师德建设的新目标。养心即养平静之心、做平常之事，不为物欲、利欲所诱，做到清心寡欲。养气即养满腔热血和伟大追求的浩然之气。养学即养强烈的责任感，孜孜不倦地学习，博览群书，做个功底深厚的学问人。平凡、平静、平常不是平庸，恰恰是脱俗的成熟，是实现伟大追求的定力。厚重就是立足于平凡、起始于平常、成功于平静呵！让我们用心领悟“平凡、平静、平常”，开拓出师德建设的新局面！

（原载2010年3月16日《教育时报》，作者系郑州市第一中学校长）

让“三平精神”成为教育发展的动力

□ 侯超英

“三平精神”充分体现了社会主义的世界观、人生观和价值观，对教育事业来说，具有非常重要的指导意义。“三平精神”不仅是新形势下教育改革发展的实际需要，而且也是构建和谐社会、办人民满意教育的具体要求，更是对每个教育工作者的激励和鞭策。践行好“三平精神”，将是全省教育系统今后一个时期的重点工作和长期任务，更是我们每个教育工作者的神圣使命和光荣责任。

弘扬“三平精神”，就要有强烈的事业心和责任感。每一名教育工作者，要在“平凡”之中建“奇功”，在平凡的工作岗位上，默默无闻，无私奉献，创造不平凡的业绩；要“平静”之中有“热血”，以教书育人的自豪感、饱满的工作热情和昂扬的精神状态，投入到工作学习之中；要“平常”之中履行“责任”，以高度的事业心和责任感干好本职工作，履行好职责，干出成绩。

弘扬“三平精神”，就要采取措施、抓好工作落实。一是要在改革创新上下工夫。结合新形势、新任务，抓住新的挑战和机遇，大力推进教育工作改革创新，不断深化考试评价制度改革，全面完成职业教育攻坚计划。二是要在推进义务教育均衡发展上下工夫。强化薄弱学校改造，达到区域内学校的办学条件基本均衡；强化教师资源管理，达到师资力量的配置基本均衡；增加不同群体的受教育机会，实现城乡义务教育阶段适龄儿童的受教育程度基本均衡。三是要在提高教育质量上下工夫。改变传统观念，推广义务教育课程改革经验，推进普通高中新课程改革；遵循教育规律，落实常规教学环节，提高课堂效益；进一步规范办学行为，全面减轻学生过重的课业负担，推进素质教育；加强教育教学研究，科学分类指导，全面提升教学质量。

弘扬“三平精神”，就要提高执行力，树立新形象。第一要树立服务意识，努力实现从推事向揽事、从等服务向送服务的转变，真正把人民群众关心的事情办好、办实。第二要深入调查研究，做到重心下移，深入基层，及时为基层学校排忧解难。第三是要树立教育良好形象，更加主动地为人民服务。

（原载 2010 年 3 月 16 日《教育时报》，作者系洛阳市教育局局长）

践行“三平精神”，谋划发展大计

□ 朱世泽

卢展工同志提出的“三平精神”，是对每一个公民的基本要求，对于教育工作者来说，尤其值得我们认真学习和发扬光大。当前，全社会对教育的关注度、敏感度、期望值越来越高，教育外部环境日益复杂，工作任务更加艰巨。面对新形势、新任务、新要求，我们必须以“三平精神”为指导，把自身工作融入到破解难题之中，切实增强责任感和使命感，谋划发展大计，以百折不挠的追求、无怨无悔的付出，办好让政府放心、人民满意的教育。

“三平精神”的培养和形成是一个长期的过程，需要从每一个人做起，从一点一滴做起。卢展工同志曾说过，事情是做出来的不是说出来的，凡事都要想好了再说、说了就要做，做到说到做到、说好做好。当前和今后一个时期，濮阳市教育改革和发展要实现“三大跨越”：一是实现义务教育由全面普及到均衡发展的跨越，优化教育资源配置，促进教育公平；二是实现高中阶段教育由重普轻职到协调发展的跨越，大力实施职教攻坚计划，进一步提升职业教育整体办学水平；三是实现基础教育由外延发展到内涵发展的跨越。坚持把学生的全面发展作为教育工作的出发点和立足点，突出特色，张扬个性，促进各级各类学校走提高质量、内涵发展之路。

2010 年是新世纪第二个 10 年的开端，是推进教育事业科学发展的关键一年。我们要以深化改革为动力，以优化资源配置为手段，促进义务教育均衡发展；以加大投入为重点，继续实施职业教育攻坚计划；以专业发展为目标，提升教师队伍整体素质；以提高质量为核心，深入实施“教研赛考评”工程；

以促进公平为出发点，认真解决教育热点难点问题。为完成这些艰巨的任务，我们一定大力弘扬“三平精神”，着力加强思想建设，切实提高广大教育工作者推进教育科学发展的能力和水平，努力营造团结和谐氛围，以时不我待、奋勇拼搏的气魄，迎接挑战，破解难题，收获成功。

（原载2010年3月16日《教育时报》，作者系濮阳市教育局局长）

弘扬“三平精神”重在处理好三个矛盾

□ 马大建

《国家中长期教育改革和发展规划纲要（2010—2020年）》中，把改革创新作为教育发展的强大动力。为了落实河南省教育改革发展目标，省教育厅把2010年确定为“教育改革年”。省委书记卢展工倡导的“三平精神”非常切合教育事业改革与发展的实际，是对广大教育工作者职业精神的真实写照，也是教育系统每一个人、每一个岗位应该具备的职业道德。但是，由于种种原因，教育的改革与发展还不平衡，还有许多不尽如人意的地方。这些都迫切需要大力弘扬“三平精神”，努力加以解决。笔者认为，当前主要应该处理好三个方面的矛盾，即“俗与雅”、“虚与实”和“旧与新”的矛盾，努力使每一个教育工作者怀有“平凡之中的伟大追求，平静之中的满腔热血，平常之中的极强烈责任感”，从而促进教育的改革与发展。

处理好“俗与雅”的矛盾，让教育工作者在平凡的岗位上有伟大的追求。教育工作是一项平凡的工作，在处于社会转型期的今天，要真正做到“平凡之中的伟大追求”是不容易的。首先必须处理好俗与雅的矛盾，即世俗与高雅、粗俗与文雅、庸俗与儒雅的矛盾，克服俗气对学校的影响。俗气是教育工作的大敌，更是改革创新的大敌。学校里如果俗气占了上风，社会上的不良习气在学校里就有了市场，学校实施各项改革，就会步履维艰。

和俗气相反的是雅气。雅气就是平凡之中有伟大追求的人表现出的高雅之气，就是温家宝总理讲的那种“仰望星空”的人。雅气的人高雅，追寻理想、志存高远，自信自强、宽容大度，识大体、顾大局、爱思考、有见地，爱读书、好钻研；雅气的人文雅，表现为举止文明、礼貌待人、生活健康、有情趣、品位高。

处理好“虚与实”的矛盾，让教育工作者以平静的心态满腔热血地工作。教育工作是一项平静的工作。教育工作的对象是人，是一个个千差万别的富有个性的鲜活生命。教育工作的复杂性和迟效性，决定了教育工作者要以平和安静的心态去工作。由于当今社会上个人浮躁化倾向的影响，教育工作者要具有“平静之中的满腔热血”，也是很艰难的。因此，必须处理好虚与实的矛盾，即浮躁与平静、虚假与真实、懒惰与勤奋的矛盾，克服躁气对教育工作的影响。躁气首先表现为浮躁，这样的人态度不端正、遇事急躁、坐不住、不稳定、急于求成、虎头蛇尾；其次表现为虚假，虚假的人虚荣心强、好大喜功、搞形式主义，喜欢吹嘘浮夸、弄虚作假、讲排场、摆阔气；再次表现为懒惰，不仅手脚懒，而且思想僵化、工作懒散、粗制滥造、缺乏耐心。躁气也是缺乏精神修养的表现，不是关注内心，注重体验，而是过于在意外在的得失。付出一点点努力，就想收到立竿见影的效果，缺乏等待的心情，缺乏从容的气度。

和躁气相反的是静气。静气就是平静之中的满腔热血的人所具备的平和安静之气。教育工作太需要这种静气了。我国教育改革的过程中，就曾涌现出像魏书生、冯恩洪、李镇西、霍懋征、窦桂梅等一大批这样静气的人。

处理好“旧与新”的矛盾，让教育工作者在平常之中有强烈责任感地工作。教育工作是一项平常的工作。广大教育工作者日复一日、年复一年重复着天天做的事情，面对着天天面对的同样的学生，难免会出现重复、单调和乏味的感觉，但是他们以强烈的责任感和坚定的事业心履行着自己的教育使命。所以说教育工作是平常之中需要极强烈责任感的工作。但是在处于社会转型期的今天，要做到“平常之中的极强烈责任感”，必须处理好旧与新的矛盾，即旧思想与新思想、旧体制与新体制、旧方法与新方法的矛盾。和旧思想、旧观念、旧方法相联系的是匠气。匠气的人的特点一是守旧，二是自负，三是淡漠。

和新思想、新观念、新方法相联系的是新气。新气是教育工作平常之中的极强烈责任感，是创新之气、改革之气、科研之气，是研究型教师之气。新气的人的特点一是创新，二是谦虚，三是负责。他们呼唤改革，喜欢创新，工作负责、有热情，积极、乐观，爱学习，不断地超越自我，逐步形成自己的教育教学思想和教学风格。

改革创新是我国今后一个时期的工作方针，也是教育发展的强大动力。教育的改革与发展，就要大力弘扬“三平精神”，处理好“俗与雅”、“虚与实”、“新与旧”的矛盾，就要努力克服俗气、树立雅气，克服躁气、树立静气，克服匠气、树立新气。

（原载2010年5月28日《教育时报》，作者系开封市教育局副局长）

用“三平精神”塑造健全人格

□ 朱慧洁

在和平年代，尽管平凡的人都在平静的岁月中做着平常的事，但生活态度是不一样的。一种是消极的：得过且过，浑浑噩噩。另一种则是积极的：目标明确，志向高远。细细品读卢展工同志关于“三平精神”的讲话，不难发现，他所倡导的正是这样的积极的人生。“三平精神”的内涵不是平凡、平静和平常，而是“伟大追求”、“满腔热血”和“极强烈责任感”。

如何将“三平精神”发扬光大并传承下去，教师肩负着不可推卸的责任。试想，把下一代都培养成有伟大抱负、有责任感的热血青年，我们祖国的前途该是何等的光明！所以，我们人民教师必须领悟“三平精神”、践行“三平精神”、传播“三平精神”，有将“三平精神”浇铸成一种集体人格的宏伟理念。

培养有伟大抱负的下一代，让他们永远与平庸、平淡绝缘。我们一定要让我们的孩子有远大的抱负，让他们有着为祖国繁荣、为人类发展奉献一切的美好信念，这样他们才会活得有意义。因为有信念的旗帜在生命中招展，他们的人生一定会充满亮色、充满希望、充满生机。他们奋斗的脚步会永不停歇、勇往直前！

培养有血性的下一代，让他们永远与自私和懦弱绝缘。和平年代，尽管没有腥风血雨，但冷漠、自私、懦弱一样让人心寒。在没有坦途的人生中，一遇困难挫折就选择放弃和退却的孩子，将会是社会和家庭的负担，更不要说让他们见义勇为、扶危救难了。所以，我们必须培养有满腔热血的下一代，培养他们临危不乱、冷静沉着又勇敢无畏、热情豪迈的英雄品格，让他们在邪恶与灾难面前，有除恶扶正、化险为夷的能力和胆识，成为捍卫社会和谐与稳定的好青年。

培养有强烈责任感的下一代，让他们永远与敷衍和懒散绝缘。培养学生强烈的责任感，既是对学生负责，也是对社会负责。

感召的力量胜过说教，让我们每个教师先成为履行“三平精神”的标兵吧！使“三平精神”渗透进每个孩子的心田！

（原载2010年3月16日《教育时报》，作者系禹州市第二高中教师）

坚守，我和你……

□常 亮

告别城市的五彩斑斓，骤然改变的世界让我有点不知所措。面对这份来之不易的工作，我却没有任何的惊喜和激动，在我的概念里，再也没有什么工作比教师更单调乏味，同样的事情似乎总是机械地重复着，而乡村教师，除了辛苦、贫穷和孤独，我再也想不出其他的词汇。看着车窗外一座又一座的山，我的心被重重地压在了谷底。

就在这时，美丽的兰草河呈现在我的面前，你就站在河边向我的方向张望。你穿着在城市里很少见到的千层底布鞋，用黑黑的手摸着皴裂的小脸，又捋了一下额前像草一样乱乱的头发，三步并作两步将我手中的行李扛在你幼小的肩头！当我们的目光再次相会，忽然间一种奇怪的感觉将我弥漫，心疼，一种想拉起你小手的心疼。你那双带着羞怯的眼睛充满了渴望，如此明亮，是我从未见过的，仿佛有一种力量，使我之前死灰般沉重的心又焕发出别样的光彩。在这样的时刻，我的心中唯有一个信念，那就是，我要让我的青春挥洒在美丽的山野间，我要让最美的花儿开在鲜为人知的山谷里。

第一次站在你对面的讲台上，我便受到英雄般的礼遇，你和小伙伴们不约而同齐刷刷地站起来，响亮地喊道："老师好!"随之而来的是热烈的掌声。当时，我真的被你和小伙伴们的举动吓住了，只觉得脸上火辣辣的，有些不好意思。也许是我有着天生的亲和力，你很快就和我成了无话不谈的亲密战友。就在我想着如何在你的面前卖弄自己煽情的言辞、优越的条件时，接着发生的一件事，却让我瞠目结舌，再也说不出任何华丽的辞藻。

早上醒来，天灰沉沉的，雨没完没了地往下倒着，看样子下了一夜，心也灰蒙蒙的。而当我走进教室，看到你的座位空着，问及大家都不知道怎么回事的时候，本就不畅快的心更加烦闷，于是一股脑儿地开始发泄："看看你们这儿，贫穷落后，你们比起城里的孩子差远了，还不好好学，一辈子都没出息，都窝在这儿吧！"教室里异常的安静，看得出大家的委屈，个个把头埋得低低的。这时，教室门口传来一声"报告"，声音轻得几乎听不见，我不屑地看了你一眼："你还知道来，你怎么不到下课再来？学习就这个态度，我看你干脆回去得了！""老师，下雨了，路太难走了。"这时，我又转过眼，仔细地看了看你，整个鞋子和裤腿上都是泥，衣服湿漉漉地贴在胸前，虽然有些心软，但碍于面子，我还是继续绷着脸："你不会早点起，别人都能按时来……咦？你的书包呢？""老师，在这儿呢，书没湿！"直到这时，你才抬起头，脸上有了些许的笑容，从破旧的上衣中拉出书包。我顿时无语，呆呆地站在那里。

说不清是怎样的一种感受，心疼？欣慰？我想更多的是感动吧。也就是在那一刻，我选择了坚守！因为坚守，所以幸福！

还记得那是一个月朗星稀的晚上，我在办公室里备课，你趴在窗户上往里看，我站起身说："干什么？还不回去睡觉？"你很快跑开了。因为你平时就很淘气，所以我也就没在意。但没过多久，你和你的小伙伴们又趴在那儿唧唧喳喳，我顿时气不打一处来，吼道："怎么还不回宿舍？捣什么乱？是不是想让我上报学校啊？赶快给我回去！"你似乎有话要说，但被我一吼，也没敢再说，就和小伙伴们走了。我回到办公室，想想有点不放心，于是就去了学生宿舍。一进门，你先是愣了一下，紧接着和大家一起冲我喊道："老师，生日快乐！"然后七手八脚地往我手里塞礼物。我仔细一想，原来我忘了今天是我的生日，顿时，心里充满了欣慰和感激，却又不知如何表达。

回到宿舍，拆开礼物，突然一张有些破旧的纸片从中间滑落，我弯身拾起，展开，几行歪歪扭扭却很干净的字映入眼帘：敬爱的常老师，你不远千里来到我们这里，我们这里偏远贫穷，你一定很辛苦。我们没有城里孩子那么好的礼物送给你，但是我们真的很喜欢你，你的忧愁就是我们的忧愁，你快乐我们也快乐。你能留下来一直教我们吗？我们一定会好好学习，不辜负你的希望。

这是我见过的最简单的礼物，再质朴不过的语言，没有任何的修饰，但却如此珍贵，使我潸然泪下。也就在那一刻，我选择了坚守！因为坚守，所以幸福！

抬头看天，湛蓝湛蓝，一缕阳光照在脸上，无比灿烂，正如你的心纯净温暖。这世界上最美的花儿，总是开在那些鲜为人知的山谷里，人也一样。所以我不会离开，我会坚守！

你是我的学生，我是你的老师。坚守，我和你……

（本文系2010年河南省师德主题演讲比赛一等奖的演讲稿，原载2010年11月5日《教育时报》，作者系卢氏县官坡镇第二中学特岗教师）

平凡的幸福

□王　静

小时候，想成为伟人的孩子，可是我父亲是个工人；上学后，我想成为伟人，却发现自己资质平平；成年后，我想嫁给一个伟人，结果我至今仍孑然一身。因此，我打算用一辈子来做教师，渴望能培养出一个或几个伟人出来。

我喜欢教师这个职业，发自内心地喜欢。我在教师平凡的岗位上快乐地生活着。

孩子，还记得吗？在有阳光的日子里，我与你们一起在花丛中看蝴蝶、找蜜蜂，趴在地上津津有味地看蚂蚁，再与你们一起把这一切编到故事里、写到作文里。孩子，还记得吗？当你第一次走进课堂，我牵着你的手，在童话世界里做着甜蜜的梦，在唐诗宋词中寻找李白、苏轼，享受读书的乐趣。孩子，还记得吗？当你的头发散了，我帮忙扎上；你比赛失利，我为你擦去眼角的泪滴。孩子，还记得吗？当毕业的铃声响起，你用留恋的目光看着我，我把你紧紧地抱在怀里，我从你的眼中读懂了“珍惜”……是的，在与孩子们相处的一个个日子里，我深深地体味到：幸福在于给予！在那一次次的付出中，我感到一种发自内心的幸福，那是属于一个平凡教师的幸福！

生活是面镜子，你笑她也笑。你觉得自己的生活是快乐的，她就是快乐的。也只有在快乐的时候，你才能注意到路边的花开了，才能看到孩子们在一点点地变化、一点点地成长。

我们班有个孩子，生下来右手只有三根指头，和别人说话时，他总是下意识地把右手缩在背后。我就常找他聊天，说着说着就把他的小手拽出来，用我的大手握着他的小手。慢慢地，他开朗了，自信了。有一次发言，他竟然不自觉地举起了这只手。偶然，看到他写的文章：那天我生病了，王老师送我回家，她握着我的手，把我抱上车。我搂住了她的腰，路上说什么不记得了，只记得那是一路的温暖，只记得那一路我把老师抱得好紧好紧，只记得我希望那路能再长一点、再长一点，只记得我对自己许下一个诺言：亲爱的老师，长大后，我也要成为你！在那一刻，我感到一种油然而生的幸福，那是属于一个平凡教师的幸福！

日子似乎在一天天地重复着，但是，每一天走在相同的路上，感受却是不一样的：刮风的时候，我体会着微风拂面的感觉；下雨的时候，我体会着细雨打在脸上的感受。还是在某年某月某日，还是在我走过的那条路上，突然，有一个人像山一样挡在我的面前，说："老师，我是你的学生。"在那一刻，我被深深地打动了，感到一种突如其来的幸福，那是属于一个平凡教师的幸福！

人们常说教育事业是快乐的、是幸福的、是伟大的。教师的快乐在哪里？快乐在学生的笑脸上！教师的幸福在哪里？幸福在学生的成长上！教师的伟大在哪里？伟大在对学生无悔的付出上！

回顾我13年的努力，发现我依然没有培养出一个伟人，但是我却感动了我自己，于是，写了一首小诗，送给幸福、快乐、平凡而伟大的教师们——

我不去想能否在教育上取得成功
既然选择做教师我就快乐地风雨兼程
我不在意能否在教育中成就美名
既然钟情于讲台我就勇敢地吐露真诚
我不计较从四方袭来的冷雨寒风
我只想用心去感受孩子的笑语欢声
我甚至不去想能否桃李争芳
我只想用爱去撑起孩子成长的天空

（本文系2010年河南省师德主题演讲比赛一等奖的演讲稿，原载2010年11月5日《教育时报》，作者系开封市汴京路小学教师）

虽路远无轻，愿永不停步

□王　钢

第一次听到“路远无轻”这个词，是在参加工作之后的第一个教师节。那天，我去看望我的老师，她郑重地问我：“你真的作好了当一辈子老师的准备吗？路远无轻啊！”是啊，路远无轻，即便是一片鹅毛，万里之遥的风霜也会让人不堪其重，更何况是日复一日、年复一年的琐碎生活？

第二次想到“路远无轻”这个词，是在刚当爸爸的时候。那天孩子生病，我抱着妞妞从医院走回家。没想到一路上我竟歇了好几回。坐在马路边上，我瞅着怀里的小人儿，心想，果然是“路远无轻”啊。

其实，当老师，做教育，不就像抱着孩子赶路吗？哪怕道路漫长，纵然举步维艰，但是我们决不能轻言放弃，更要健步如飞！因此，卢展工书记所提出的“三平精神”，怎能不令我们心生共鸣？我的身边，就不乏这样的优秀教师。他们乐于在平凡之中追求卓越，乐于在平静之中磨砺自我，心甘情愿地在平常之中承担责任、无私奉献。

说起王小莉老师，她的学生是既怕又爱。怕什么？王老师嗓门大、要求严，有时候看上去真是挺凶的。爱什么？她的笑声很爽朗，她对孩子特别亲。

2004年5月11日，令人刻骨铭心。就是这一天，她在例行体检中发现了肿瘤，经确诊是乳腺癌！稍稍冷静下来后，王小莉老师首先想到的却是自己带的毕业班……她藏起住院证，硬是隐瞒病情，又上了一天的课！学校领导得知后，强令她住进医院。可躺在病床上的她还在同医生商量：“能不能再等两天？我的学生就要参加毕业考试了！”

手术后，王老师的学生和家长前去探望。轻轻推开病房的门，大人孩子都不禁潸然泪下。这还是那个风风火火的王老师吗？锥心刺骨的病痛已经折磨得她脸色蜡黄、声音喑哑……而她身边的桌子上，整整齐齐地放着什么？是刚刚批改好的100多个孩子的卷子……那卷子上每一个鲜红的钩钩，每一行鲜红的批注都浸透了王老师同病魔搏斗的毅力与勇气，饱含着她对学生无私的爱，这怎能不让我们哽咽难言！这不就是伟大的追求吗？这不就是满腔的热血吗？这不就是极强烈的责任感吗？

这样的人，这样的事，还有很多。

一天，满面泪痕的彤彤被带到了贾丽娟老师的面前。原来，她在超市里偷偷吃了东西，被当场抓住。贾老师的心揪得生疼。她想：彤彤只是个孩子，这样在大庭广众之下被审问、被羞辱，她又怎能受得了？贾老师一把把彤彤搂进怀里，泪水打湿了孩子的衣裳。彤彤愣住了："老师，您打我吧骂我吧，我给您丢脸了！"贾老师却说："你受的屈辱已远远超过了你该受的惩罚……"师生两人就这样紧紧地抱在一起，泪水也流在了一起。这母亲般的怀抱啊，足以抚慰彤彤内心的伤痛，足以融化她内心正在凝结的坚冰！此后，曾经沾染了不少坏习惯的小彤彤像变了一个人，毕业时还被评上了"三好学生"！

这最平常的爱啊，又是多么神奇！世上还有什么能比这令生命焕发光彩的爱更伟大？

我们有多少这样的好老师啊！

我们所坚守的，是一份琐碎的平凡；我们所坚守的，是一份心灵的平静；我们所坚守的，是一份简单的平常。

这条路，真的不好走。但伟大的教育事业要求我们必须拥有伟大的追求，茁壮成长的学生要求我们必须拥有满腔的热血，中原崛起的历史使命要求我们必须拥有极强烈的责任感。弘扬"三平精神"，做"三平教师"，虽路远无轻，愿永不停步！

（本文系2010年河南省师德主题演讲比赛一等奖的演讲稿，原载2010年11月5日《教育时报》，作者系河南省实验小学教师）

用心雕琢灿烂明天

□郭 亮

我并不是一个擅长演讲的人。我只能用朴实而真挚的语言和平常而真实的故事来表达我——一名普普通通的小学教师对“三平精神”的理解。

学习“三平精神”，我脑海中浮现出的第一张熟悉的面孔是花甲之年的李老师。他是我在民权县花园乡魏庄小学任教时的一位可亲可敬的前辈。李老师从教43年，30年的民办教师加13年的公办教师，工资从最初的2元一直领到如今的2000元，可谓是满门桃李、一生清贫。前年，李老师到退休的年龄了。要说劳累一辈子的他也该享享清福了，可让大家都没有想到的是，他主动跑去找领导要求再教两年。领导问他：“你在家待着也不少领一分钱，你为啥呀?”他说：“您如果同意我再干两年，我宁愿倒贴钱！说实话，我教了一辈子书，我离不开讲台，更离不开孩子们，见不到他们，我这心里空得慌呀!”前不久李老师见到了我，拉着我的手说：“小郭呀，我在电视上见到你了，是教师节表彰会，你站在台上，披红戴花的，县长亲自给你颁奖，真风光呀!”接着，他又贴到我的耳边悄悄说：“我都要退休了，连个县模范还没当过呢！这最后一年了，我可得再加把劲，咱也尝尝当模范的滋味。”说完，他像孩子一样笑了，瘦削苍老的面颊上泛起两朵红晕。在满头白发的映衬下，那红晕竟如此动人。

我想起的第二个人是我现在的同事甘老师。和我年纪相仿的她是我们县教坛上一颗光彩夺目的明星，省学科带头人、省优质课教师、省优秀教师、省师德标兵……她是一位当之无愧的荣誉大满贯的教师。无论她走到哪里，都有大批的学生、家长和同事“趋之若鹜”。开学前，校长对她说：“小甘呀，你自己挑一个班吧，作为咱们实验小学的实验班、拳头班。”她笑着说：“您能让我带带六（15）班吗?”校长十分诧异：“六（15）班？我没听错吧？那可是全年级成绩最差的班呀，班里‘刺儿头’多，留守儿童也多，不到一年，连着换了两个班主任，哪一个都没少找我诉苦。带这个班肯定会影响你的考核成绩，学校可正准备为你申报特级教师呀!”甘老师认真地说：“这正是我一定要带这个班的原因。说句心里话，做老师的，哪个不想得天下英才而教之？但那些在学习和成长上遇到困难的学生才更需要我们的关心和帮助，我多么希望我能多送给他们一些阳光呀！至于考核嘛，只要不被末位淘汰就行了。再说啦，这谁超过谁还不一定呢!”说完，她笑了，笑得那么恬淡、那么自信、那么灿烂。

在我们的身边，有着数不清的李老师、甘老师。他们是“三平教师”的典型代表，他们是绽放在教坛上最美丽的花。他们，因平凡之中的伟大追求而美丽；他们，因平静之中对工作的满腔热血而美丽；他们，因平常之中的极强烈责任感而美丽！他们的行动使我深深懂得了：“三平教师”不是说出来的，不是讲出来的，更不是表演出来的，而是雕琢出来的，是用信念当锤凿，用执著做刻刀，一锤一凿、千锤百凿，精心雕琢出来的。

就让我们拿起心中的锤凿，共同雕琢吧！先雕一个“勤”字：勤劳勤奋勤学勤练勤勤恳恳勤做事，辛勤殷勤手勤脚勤勤勤快快做勤人。次雕一个“和”字：和谐和睦合心合力和和气气合家欢，心平气和志同道合政通人和万事和。再雕一个“乐”字：乐岗乐业乐在其中痴心不改，乐学乐教桃欢李笑何乐不为？最后让我们共同雕一个“实”字：一身正气两袖清风三尺讲台四时辛苦桃李不言，实心实意实抓实干只为雕出十全十美灿烂明天！

（本文系2010年河南省师德主题演讲比赛一等奖的演讲稿，原载2010年11月5日《教育时报》，作者系民权县实验小学教师）

只有爱才能赢得最高荣誉

□ 张晓燕

“静静的深夜群星在闪耀，老师的房间彻夜明亮，每当我轻轻走过您窗前，明亮的灯光照耀我心房……”每当听到或唱起这首歌时，我就不禁心潮澎湃。回忆自己从教十载的经历，我又不禁感慨万千。

1997年毕业后，我幸运地被当地电视台选中，成为了一名播音员、记者。每日的东跑西颠让我特别羡慕教师工作的稳定性，于是在2001年机构合并时，我离开了在别人看来风光无限的岗位，当了一名语文教师。

带着好奇和憧憬，我踏入了校园，可一进门，就感到浑身不自在。当时年仅23岁的我，穿着一身橘红的羊绒套裙，脚蹬一双齐膝的黑靴子，脸上又化着精致的妆容，满心欢喜地想给大家留个好印象。可同事们都用异样的眼光打量着我。一进教室，学生们“哇”的一声更是让我的脸“刷”地红了，接下来的一句“语文老师真时髦”让我顿时明白原来问题出在我的着装上。当时的我恨不得马上转身回家换衣服。上班的第一天，同事和学生们就给我上了一堂“教师穿着要得体”的生动一课。

斗转星移，春秋代序，如今的我已是市级名师、省级骨干教师。可我还想赢得一个最高的荣誉，那就是——刻在学生心里永远的感激与怀念！我知道，要想获得这一荣誉，就必须付出金子般的爱心。只有真诚的爱，才能拨动学生的心弦。

2007年6月的一天，在校值班的我转到女厕所附近，忽然听到里面有人在小声哭泣，就赶紧走了进去，原来是学生小刘因为解不下大便正憋得直哭。我一面安慰她，一面迅速跑到医务室拿来“开塞露”亲自给她挤进去。可这孩子由于又怕又急，不等“开塞露”起作用便放声大哭。情急之下，我顾不上污秽和脏臭，像对待自己的孩子一样，用手指一点一点地把粪便抠了出来。

也许在学生心目中，我是一位慈祥的妈妈；但对儿子来说，我却是一位不称职的母亲。

儿子两岁时便上了私立幼儿园，因为公立幼儿园只接收三岁以上的孩子。永远也忘不了那一天，儿子紧紧搂着我的脖子就是不肯松手，眼看着上课时间快到了，我狠下心，一把把他拽下来，放在地上，头也不回地走了……孩子的哭喊声像锥子一样深深地刺在我的心里。作为一名班主任，最害怕的是手机夜里响起。前年冬天的一个夜晚，已经搂着孩子睡着的我听到手机铃声刺耳地响起，慌乱之中接听，是学校宿管科打来的——我班学生王凯从校园翻院墙出去了，估计是上网吧了。天啊！我一听就晕了！万一孩子有个三长两短，那可怎么办呀？我忙穿上衣服就往外走，根本没考虑万一孩子醒了怎么办。我和宿管科的老师一个网吧接着一个网吧地找。下了雪的大地上结了一层厚厚的冰，我推着自行车不知摔了多少次。当我们像雪人一样终于在一家网吧出现在王凯面前时，他惊呆了，“扑通”一声跪在我们面前泣不成声。此时，手机又响了，是我们家属院的门卫打来的，我的儿子只穿着睡衣从四楼跑下来，哭着喊着要找妈妈。此时，我心里的那个悔呀，为何要当教师？为何要当班主任？为何要找一位长年在外当律师的老公？

已记不清多少回为学生不做作业而大动肝火，为学生放弃学业而心急如焚，也为学生的不理解而辛酸泪下。但是当我看到学生们体会到老师的苦心，奋起直追，成绩进步时；当我带病上课，看到同学们那关切的目光时；当教师节到来，那一张张贺卡雪片似的飞来时；一种感动和自豪便油然而生。我明白了：只有对事业舍家忘我的爱，只有对岗位坚韧执著的爱，只有对学生宽广无私的爱，才能创造教育的奇迹，才能赢得学生的尊重，才能赢得一个教师所能获得的最高荣誉。

（本文系2010年河南省师德主题演讲比赛一等奖的演讲稿，原载2010年11月5日《教育时报》，作者系驻马店市第一初中教师）

理想的教育永远在远方

□孙　巍

受同为教师的母亲的影响，17 岁那年我师范毕业，怀捧着一颗火热的心踏上了神圣的讲台。“要做一名好老师！”这是母亲的教诲，也是我从教 21 年来执著追寻的理想和信念。21 年的追梦之旅中，最幸福的时光在教室里流淌，最真挚的情感在孩子们的笑声里绽放。

1989 年，我成为安阳市文明大道小学教师队伍中的一名新兵。那时的我单纯而执著地坚信——将全身心投入到火热的教育事业中去，是一名好老师最基本的职业操守。

1995 年，我被调入安阳市人民大道小学任教，成为了主体教育课题的实验教师。“全心全意让学生做主人，严肃严格进行基本训练”的两条实验原则、“因为有了你，我才喜欢当老师”的教育信念，使我在感受师生成长的快乐、生命愉悦律动的同时，清醒地意识到——好老师应该拥有先进的教育理念，在课题研究中不断探索生长点，才能实现教育教学的不断超越。

班里有个调皮的孩子叫晓勇，那次因不满母亲的责骂要跳楼自杀，是我一个箭步冲上去硬是把他从栏杆上抱了下来。一个寒风凛冽的冬夜，晓勇又离家出走，没有给家长打招呼，只是将写着“孙老师，我会永远记着您”的小纸条插在我家门口。我和年迈的父母冒着刺骨的寒风到火车站、汽车站彻夜寻找。当在一座废弃的厂房里发现晓勇时，他撒腿就跑，拼命逃避，是我一声声亲切的呼唤使他停下了离家的脚步……几年后，晓勇已参军入伍了。在给我的信中，他写道：“从您那里，我懂得了什么是真正的爱！您永远是我的老师！”

多年来，每次我外出学习回来，除了有孩子们热烈的拥抱在等候，还有黑板上孩子们用心写出的话语：“欢迎孙老师回家！”在日记中一个孩子用自己稚嫩的笔触写道："有的老师用批评表达爱，而孙老师用爱来表达批评！"童言心声，总是让我在收获感动的同时明白——好老师，应该用平凡与崇高的师德之光，照亮每一颗幼小的心灵。

2003年，我又被调入安阳市殷都实验小学。其间，我作为教育部中小学教师新课程远程研修专家团队的核心成员，参与了研修文本的开发与网上的指导工作。在与众多专家和一线优秀教师的接触中，我深深地体会到——好老师要有对自己所教学科独到的见解和判断，更应是孜孜不倦的终身学习者，使人站其侧、观其行、闻其言，都如沐春风。

在经历的3所学校里，我虽然担任了不同的学校管理工作，但相同的是我从未离开教学第一线，始终坚持担任语文老师兼班主任，在课堂中历练自己，在班级管理中关注生命的气息，乐此不疲。我参加全国第一届说课比赛，省、市两级的语文、思想品德优质课竞赛，市教师技能大赛，均获一等奖。作为省优秀班主任代表，我还参加了国家级骨干班主任的培训。"河南省优秀教师"、"河南省名师"、"河南省学术技术带头人"、"安阳市十佳师德标兵"等荣誉称号也纷至沓来。

"站着，站着，站久了，根须就会一点点从脚底长出来。我们就会长成参天大树。"这时的我，思路更加清晰了——好老师，就在于这份坚守课堂的静心与执著！

而今的我仍然在追问：好老师是什么？我想，好老师是树，用如茵绿盖改善一方环境；好老师是泉，用思想之流滋养一方沃土；好老师是灯，用实践之光照亮一片天空；好老师是火，用成长之路引燃每个人心中的火把……

是的，追寻做一名好老师的梦想之路永无止境，与其说我在努力做一名好老师，不如说我要用一辈子学做好老师，去不断追寻理想的教育伊甸园！诚如陶继新老师所言："理想的教育永远在远方，那是我们奔跑的方向……"

（本文系2010年河南省师德主题演讲比赛一等奖的演讲稿，原载2010年11月5日《教育时报》，作者系安阳市殷都实验小学教师）

有所作为地关爱留守儿童

□李　灵

此时此刻，我感到十分幸福和激动，同时内心深处也有一丝不安。我只是一名普通的乡村小学教师，我仅为教育事业做了一些微不足道的小事，却得到了一系列的荣誉。大家的信任，让我更加深刻体会到要做一名好老师不是一件容易的事情，但只要心中有追求、有信念，就会不断地向好老师的标准靠拢。

2002 年，我毕业于淮阳师范学校，当我看到家乡大量的留守儿童每天上学都要走五六里路时，心里久久不能平静，暗下决心要自筹资金创办一所民办小学，尽我所能地解决家乡这些孩子的上学难问题。说说容易，可做起来太难了！建校期间，为了节约资金，我和父母、弟弟每天天不亮就起床，拉砖头、抬木料。双手磨出了血泡，我没有流泪，没有退却，因为我热爱教育这一事业，更热爱这些天真可爱、渴求知识的孩子们。

作为一名小学教师，年轻的我没有丰富的阅历和经验，但有的是精力。家长们把孩子放心地送到学校，交到我的手上，我深感肩上担子沉甸甸的分量。学校的学生 80% 都是留守儿童，有的离家较远，有的无人照料。所以，不论风霜雨雪、天黑路滑，我都坚持每天接送学生，常常怀里抱一个，手里拉一个，身后跟着几个。当把学生一个个安全送到家，不管天气多么的恶劣，我的心里都暖烘烘的。

看到其他学校的孩子坐在宽敞的阅览室里阅读，我心里很难受，我也想为自己的学生搭建一个阅览室，哪怕是最简易的。怀着这样的想法，去年 6 月，我只身一人来到陌生的省会郑州，借了一辆破旧的脚蹬三轮车，开始在居民区里收购旧教辅和儿童读物。我每天上午 11 点多出门，虽然路上热得像蒸笼，可人们抱来的一摞摞图书，还有一些好心人送来书后不收钱不留名的举动，让我很受感动。我深知，这些书是人们奉献给农村孩子的一份份爱心，我必须保护好它们。暴雨来临时，我宁可自己淋雨，也不能让这些书淋湿，就用仅有的一块塑料布把这些书包裹好。仔细想来，其实我只是做了自己应该做的事情，没想到却得到了社会各界的关注。

在这一年里，在各级政府和社会各界的关心帮助下，占地15亩的新校园准备开工建设。3名周口师范学院毕业生不嫌条件差、待遇低主动来支教，为我们学校带来了崭新的教学理念。现在，学校的500多名留守儿童每天都健康快乐地学习着、生活着。学校能有今天的变化，是全省人民关心和帮助的结果。在这里，我要代表所有孩子真诚地说一声："谢谢大家!"

今年年初，我荣幸地被评选为2009年"感动中国"十大年度人物之一。其实，不是我感动了大家，而是众多好心人的善举感动了我。无论党和政府给我多么高的荣誉，我都会安于平凡、脚踏实地地办学，恪守平静、乐于奉献地从教，甘于平常、有所作为地关爱留守儿童，竭尽全力为乡村民办教育事业的发展添一份力、增一份色。

（本文系在河南省庆祝第26个教师节暨教育系统"学三平精神，做三平教师"师德教育主题报告会上的报告，原载2010年9月11日《教育时报》。报告人系2009年"感动中国"十大年度人物之一、淮阳县许湾乡希望小学校长）

“三平精神”是师德的信仰支撑

□ 王红丽

信仰既是一种根植于现实的终极关怀，又是一种着眼于未来的价值追求。师德是一定社会意识形态的反映，是教师在履行教师职责时应遵守的思想道德准则和行为规范，是教师思想觉悟、道德品质和精神面貌的集中体现。教师是太阳底下最光辉的职业，“三平精神”是教师道德的信仰支撑。

“三平精神”蕴涵规范意识，是教师道德信仰的基本支点。平凡、平静、平常，是教师职业的常态。教师必须甘于默默无闻、无私奉献。这是教师的道德规范，也是教师工作的底线。“三平精神”是教师职业道德规范的生动写照和基本内容，它有助于教师确立正确的人生观、价值观和世界观，引导教师朝着遵守社会秩序、加强自身修养、实现自我价值的目标迈进。

“三平精神”激发情感需要，是教师道德信仰的文化认同。“三平精神”是一种平民百姓的“英雄壮举”，它在文化上容易得到认同、在情感上容易产生共鸣。这种情感上的精神信仰不仅是信仰认知转化为信仰认同的中间环节，而且在教师道德信仰生成的完整过程中，始终具有特殊的地位、特殊的价值。教师职业道德信仰只有在情感层面得到更为深刻的感受，获得更强烈的情感专注，才能成为一种发自内心的人生信仰。

“三平精神”成就理性追求，是教师道德信仰的自我超越。“三平精神”中的伟大追求、满腔热血和极强烈责任感，所追求的是平凡中的不平凡、平常中的不平常。这种理性追求的社会价值导向是求真务实、爱岗敬业、社会良知、内心正义、道德操守。对于教师来说，崇高职业道德信仰的建立，不能仅仅停留在情感需要层面，而应该使之成为自我的理性追求。正是在此意义上，“三平精神”成就了教师道德信仰生成。

“三平精神”是教师道德信仰的终极取向。“三平精神”倡导教师回到平凡的人、正常的人、普通的人，重视公平、正义、仁爱、良知，而不是热衷财富、荣誉、权力、地位。只有真正践行“三平精神”，教师才会具有开放的幸福观，把学生、教学、教师、教育融合在一起来认识和体验幸福，视学生为创造幸福的合作者，视教学为一门艺术，视教师为高尚的职业，视教育为毕生的事业。这样，教师就会以创造性的工作为幸福，以学生的全面发展为幸福，以自我不断发展完善为幸福，以教育的不断进步为幸福。

（本文系2010年河南省师德主题征文一等奖作品，原载2010年11月2日《教育时报》，作者系陕县观音堂学区教师）

做“三平精神”的忠实践行者

□ 胡红伟

就教育系统而言，“三平精神”既是全省广大教师和教育工作者理想信念、生活态度、工作责任的精髓所在，也是对全省广大教师和教育工作者品质修养、情操风范、思想境界的内在要求。作为一名新时期的高校教师，我认为，要做“三平精神”的忠实践行者，就必须增强五种意识，争做五个表率。

要增强“活到老，学到老”的学习意识，做勤于学习的表率。学习是时代赋予教师的第一任务。我们必须进一步强化学习意识，努力形成勤于学习、善于学习、乐于学习的风气，把学习作为一种责任、一种义务，不断提升自己的思想境界、提高自身的思想素质，从而实现自我完善。

要增强“在其位，谋其职”的责任意识，做勤奋敬业的表率。责任意识是一个人对工作所承担的义务和所持的态度。要高标准、高质量地完成各项教学工作，做到尽职尽责，树立强烈的责任意识。要有认真负责的工作态度，做到爱岗敬业。爱岗敬业是一个优秀人才起码的品质，一个有敬业精神的人，必定是一个有高度责任心的人。

要增强“甘吃苦，乐奉献”的服务意识，做实干创优的表率。新时期的教师不仅是学生的传道授业解惑者，更是学生的服务者，所以必须放下师道尊严和高高在上的思想，不断发扬无私奉献精神，树立服务意识。在工作中坚持实事求是、求真务实的作风，发扬求真务实精神，把心思放在教育事业上，把精力投在抓落实上。要用创新的观念和勇气解决问题，以敢为人先的精神和突破常规的胆略创造性地教好书、育好人。

要增强“严律己，宽待人”的自律意识，做谦和守纪的表率。作为一名教育工作者，我们要多作一些自我剖析、自我反思、自我批评，时常自省，正确对待自己的缺点，既要看到成绩，也要看到存在的问题，保持思想上、政治上的清醒。只有这样，才能不断进步，才能让学生信服。在工作中要以宽容之心去对待同事、对待学生。

要增强“人心齐，泰山移”的团队意识，做团结协作的表率。只有在一个团结、和谐的环境中，我们才会心情舒畅地去教好书、育好人，搞好科研、真正服务师生。一名优秀教师，只有襟怀坦荡，光明磊落，说话心口一致，办事知行统一，为人表里一样，才能受到师生爱戴。

教师本是一个平凡的岗位，但你若能真正领悟“平凡之中的伟大追求，平静之中的满腔热血，平常之中的极强烈责任感”的精神，不断增强自身五种意识，相信你一定能在平凡的岗位中干出不平凡的事业。

（本文系2010年河南省师德主题征文一等奖作品，原载2010年11月2日《教育时报》，作者系河南城建学院教师）

简单的幸福

□ 闫慧芹

我从事的职业有足可骄人的待遇，那就是我每天可以面对孩子。孩子给了我力量，使我积极向上；给了我清泉般纯净的心灵空间；给了我最简单、最诚挚的爱。

教育是责任，有责任是一种幸福。教育是培育生命的事业。面对一个个鲜活、自由的生命，教师只有用高尚的师德凝聚成巨大的精神力量，才能使学生在潜移默化中获得终生难忘的教益。我深知自己作为一位人民教师所肩负的历史使命，所以丝毫不敢懈怠，时刻以尽职尽责的形象影响着学生。有同学生病了，我发现有细心的同学照料他；班级的桌凳坏了，我发现有同学修好了它……每当发现这些，我心中就有一种叫“幸福”的情感在涌动。我知道，我在孩子们的心中种下了责任的种子。

教育是能力，有能力是一种幸福。著名教育家马卡连柯说过：“作为教师，不论你多么亲切，你的话说得多么动听，态度多么和蔼，但如果处处都可以看出你不通业务，假如你作出的教学成绩都是一场空，那么除了蔑视与同情，你永远不会得到什么。”这些话告诉我们，知识渊博，业务精良，同样是衡量一位教师称职与否的重要尺度。所以，在课改浪潮汹涌澎湃的时刻，我努力按照新课标的要求反思原有课堂教学的弊端。回想自己的这些经历，有艰辛，有汗水，有欢笑，有收获，更重要的是锻炼了自己，让自己成为一个有能力的教师。这时，幸福会在心中慢慢荡漾开去。

“谁爱孩子，孩子就爱他，只有爱孩子的人，他才可以教育孩子。”自从成为教师，我便把高尔基的这句话深深铭记。我知道，正是因为有爱，才使回忆有了色彩，有了幸福感。

教师是平凡的，我们只是源于对教育的执著，在这平凡事中倾注自己的满腔热血，在这平凡事中收获着点点滴滴的幸福。这就够了。这就是我所追求的简单而快乐的幸福。

（本文系2010年河南省师德主题征文一等奖作品，原载2010年11月2日《教育时报》，作者系鹤壁市鹤山区明德小学教师）

聆听花开的声音

□刘　毅

每个人的生命都是一朵花，每朵花盛开时都是那么美，让人充满期待，让我们放慢匆忙的脚步，俯下身子，去认真聆听花开的声音。

怀着对教师的特殊情感，师范毕业后我义无反顾地走上了三尺讲台，从此开始了我的从教旅程，一如花一般静静地绽放，悄悄吐露自己的芬芳，只为自己今生无怨无悔的选择。十几年来，我深深地体会到：教师的爱是滴滴甘露，即使枯萎的心灵也能苏醒；教师的爱是缕缕春风，即使冰冷的感情也会消融。

怎样才能成为一名新时期的合格教师？在我看来，从一点一滴做起，在平凡中放歌，在平静中耕耘，在平常中闪光，就能让自己成为一名合格的教师。因为只有这样，才能以崇高的情操去影响学生、教育学生。

既然选择了教师这个职业，就应该伸出热情的双手，怀着一颗热诚的心，在平凡的岗位上，以高度的责任感来提升自己。既然选择了这个职业，就要以此为荣，热爱它，而不是只把这个职业当做一种谋生的手段。

冰心曾经说过："爱在左，情在右，在生命的两旁，随时撒种，随时开花。"只有把教师职业当做事业，才能体会到自己与学生们一同成长，这时你就会有一种成就感。两年前，学生张振超患了尿毒症。消息传来，我驱车400多公里到他家探望。回到学校后，我为家庭贫困的张振超发起了捐款仪式，当时就筹得4万多元善款。当我把这些钱寄给张振超时，我在留言条上写道：请聆听花开的声音，因为花有生命的律动。这时候，我真正体会到，我也是一朵花，也有花开的声音，只不过我在默默绽放。

教师是一个寂寞的职业。教师是一个民族精神与文化的传承者与开拓者。每个教师心中都有一座伟大的丰碑、一个伟大的理想，那就是以学生为本，教人务实，教人求真，教人创新。这都需要有一颗耐得住寂寞的心。

教师是一个美丽的职业。她的美丽不仅在于她的无名，还在于她的天然无饰，在于她的淡泊与高尚。她的存在不是为了取悦于人，她那脱俗的厚质阐述着生命的真谛。

有一首诗歌最为动人，那就是师德；有一种人生最为美丽，那就是老师；有一种风景最为亮丽，那就是师魂；有一种魔棒最为神奇，那就是粉笔；有一种平台最为神圣，那就是讲台。

三寸粉笔写出人生风流，三尺讲台化做千顷苗圃。既然选择了教师这一高尚的职业，就应该勇敢地锤炼自己。如果我是一块砖，就应该属于巍峨的万里长城；如果我是一抹红霞，那就应该染遍祖国的万里山河。

三寸粉笔写信仰，三尺讲台谋发展。信仰是浩瀚海洋上的明灯，是漫漫黑夜后的黎明。只要拿了三寸粉笔，站上三尺讲台，就要用心血和汗水去浇灌祖国的花朵，让种子发芽，让理想开花。

人都说学生是花，教师是园丁。其实，教师的生命也是一朵花，是悄悄绽放、默默吐芳、扮美人间的花。如果仔细聆听，你会听到生命的律动。纵然人生有百转千回，你也会听到世界上最美妙的乐章！

（本文系2010年河南省师德主题征文一等奖作品，原载2010年11月2日《教育时报》，作者系郑州师范学院教师）

轮回的四季，生命的轨迹

□杨　惠

也许是命运的安排，让你我相遇，相遇在这轮回的四季，相遇在这窄窄的檐宇。从此，生命中有了你。老师，这两个字，不再只是称呼和名字。

小小的粉笔如神奇的魔棒。挥一挥魔棒，片片雪花旋转飘飞，飘落在孩子们的肩头，停驻在他们心底。这片片雪花，代表的不仅仅是知识，更是我一生一世的期许。于是，每天这片片雪花从我手中纷飞……

我看见了，校园里，仍有已届古稀之年的化学特级教师张柏岩忙碌的身影；讲台上，仍有他洒落的汗滴。毕业多年的学生，书柜里仍存有他亲手刻印的卷子和笔记。其实，正是这些看似平凡人的默默奉献，才成就了百年开高（开封高级中学的简称，下同）的今天。正像冬日里那漫天飞舞的雪花，装点出银装素裹的冬日妖娆。

雪花一粒粒凝结，结成一滴滴水珠，化做一阵阵春雨，轻轻洒落在孩子们手心，渗透进他们心里。这晶莹剔透的点点滴滴，有我拳拳深意挥之不去：滋润这幼苗破土、抽芽、长叶、开花……那不是水滴，分明是三尺讲台上挥洒的汗水，下自成蹊时眼角的泪花。

我看见了，本来高大帅气的历史老师白冰，却患上了类风湿关节炎，才到而立之年的他走路时只能弯腰弓背。或许，只有在讲台上，他才能感觉到自己还是健康的人，还有使不完的力气、用不完的劲儿。正是因为有对学生无尽的爱和对教育事业无可推卸的责任感，才使得我们心中涌出这源源不断的热情和面对困难的担当。这不正是平静生活中迸发出的绚烂的生命之花？

燎沉香，消溽暑，害怕炙热的日头灼伤幼苗，我甘心化做荷伞，为幼苗遮住骄阳、顶住骤雨。大大的荷伞下有我注视的眼神、无尽的牵挂。

我看见了，早上5：30，住校班的班主任与学生一起跑操的身影，日日不息，冬夏不停；我看见了，晚上9：00，老师护送路远的学生回家的身影，夜夜守护，风雨无阻。责任是一种担当、一种约束、一种动力、一种魅力。有了责任心的原动力，才有了今日开高的蓬勃向上，才有明日开高续写的辉煌！

九月是一个收获的季节。看着学生背起行囊，即将远行，心中既欣喜又不舍。此时，我只能心中默念汪国真的“既然选择了远方，便只顾风雨兼程”。

四季过去，开始了又一个轮回。在生命的旅程中，我们前进的步伐永远不停歇。老师，这两个字真的不只是称呼，承载了太多太多厚重的意义，将激励我们永远前行、前行！

（本文系2010年河南省师德主题征文一等奖作品，原载2010年11月2日《教育时报》，作者系开封高级中学教师）

从教路上我愿做沃土

□ 李安强

教师就像一片叶，没有花的艳丽，没有果的香甜；教师也像一颗星，没有太阳那样热烈，没有朝霞那样炫目，也没有白云那样高远。但教师的脊梁却支撑着祖国的未来，他们的双手却托举着明天的太阳！

作为一名教师，我总是告诫自己："喊破嗓子，不如做出样子。要想正人，必先正己。"所以，无论是课上还是课下，我总是以自己的人格力量感染学生，注意自己教学上的点点滴滴。有人主动弯腰捡废纸了，有人主动早晚开关电灯了，有人主动为学困生答疑解惑了……当我表扬学生时，学生们的回答都是一样的："我是跟你学的。"这句话震撼着我的心灵，使我感到无比的欣慰与自豪。因为从学生的身上看到了自己的影子，同时也印证了"言传身教，身行一例，胜似千言"的至理名言。

班主任工作是一门艺术，只有宽严相济，才能走进孩子们的心灵，才能赢得学生的信赖，才能在教书的同时育人。要像春不吝风、夏不吝雨那样，帮他们树立信心，调动一切积极因素，因势利导，用鼓励扬起他们人生的风帆。

常言道：要给学生一杯水，自己要有一桶水。我深知，在当今科研兴教，呼唤反思型教师、研究型教师的新形势下，教师的知识储备应该像一眼永不枯竭的泉水，这种力量来自于自觉地、持续地、深入地对专业知识的探求与研究。在教学中，我深感以前的知识很难适应现在的教育，很难提高学生的能力。于是，我就利用课余时间努力学习教育教学新理念，学习电脑，学习新的教育思想和教学方法，培养学生的能力，培养学生的创新意识。慢慢地，知识深了，思路阔了，在教学上我也得心应手了。看着学生们知识一点一点地掌握、能力一步一步地提高，我激动无比。我深信，付出总会有收获的。

心做沙漠，肯定连一根茅草也长不出来；心做沃土，就能鲜花芬芳，就能生长棵棵参天大树。我会牢牢把握“三平精神”的深刻内涵，不遗余力地践行“三平精神”，努力做一名合格的“三平教师”，争当新时代的育人先锋。

（本文系2010年河南省师德主题征文一等奖作品，原载2010年11月2日《教育时报》，作者系巩义市鲁庄镇第一初中教师）

为师当自强

□ 白俊庭

一次，和一位从教十几年的教师谈心，问他当教师有何感受？他说，当教师太平凡，太累，就像磨道里的一头驴，年复一年，送走一届又一届学生。

我对他说，卢展工书记的三句话可以治你的职业倦怠症。卢书记说："平凡之中的伟大追求，平静之中的满腔热血，平常之中的极强烈责任感。"我深以为然。作为一名教师，第一要有理想追求，第二要有满腔激情，第三要有责任感。

做教师要做的是唐僧的白马，而不是磨道里的驴。为什么这样说呢？唐僧的白马有一个和唐僧一样坚定的目标：去西天取经；有和唐僧一样的激情：历经九九八十一难，丝毫没有减损一点点的热情；有极强的责任心：对自己的工作踏踏实实、勤勤恳恳、无怨无悔。只有这样才能取得真经，才能体验到人生的幸福感。

教师的工作虽然是平凡的，但在平凡中彰显伟大。因为没有教育，就没有社会的进步；没有教师，就没有教育。

有这样一个故事：有一个国会议员的儿子，在河边玩耍，不幸掉进了河里。一位很不起眼的农夫救了他，议员很感谢这位农夫，拿了很多钱给农夫。农夫不要，说这是自己应该做的。议员很过意不去。这时，正好农夫脏兮兮的从没有上过学的儿子从屋里跑出来。议员对农夫说，为了感谢你，我想把你的儿子带走，和我儿子接受一样的教育。议员让这位农夫的儿子上了英国最好的学校。几十年后，议员的儿子成了第二次世界大战中拯救人类的杰出首相，他就是丘吉尔。而那位农夫的儿子也成了全世界人民的救星，他就是青霉素的发明者：弗莱明，他使人类平均寿命延长了 15 年。他们两人都是诺贝尔奖的获得者。试想一下，如果没有教育，丘吉尔和弗莱明是不可能有如此杰出的成就的，人类也不可能因他们二人而受益。所以说，教师的伟大之处就在于：教师改变了学生，从而学生改变了世界。

我的成长源于听了魏书生的一场报告。魏老师 6 年间写了 150 份请调报告，内容就是不当干部，一定要回到学校当一名教师。正是他对教育事业的不懈追求，对教育事业的满腔热血，对社会的强烈责任感，让他成为一名出色的教育家。魏书生说，教师要把育己放在第一位，把育人放在第二位，而把教书放在第三位。因为教师只有管理好自己，才能教育好学生，才能把书教好。为人师者，学高为师，身正为范。

听了魏老师的报告后，我热血激荡，立志要做一名像魏老师那样的教育家。我买齐了魏老师和中外著名教育家的书籍，开始苦读，也曾到处访名师学本领。十年磨一剑，今天的我，已经在全国各类报刊上发表文章 200 多篇，从一名平凡的教师成长为一名校长，成长为河南省学科教育专家，也有幸在《教育时报》开过专栏。

为师当自强，是我成长至今感悟至深的道理，也是卢书记的“三平精神”的具体解读，一个教师只要有追求、有激情、有责任感，就能自强不息，求索不止。“如果你是一滴水，你是否滋润了一寸土地？如果你是一线阳光，你是否照亮了一分黑暗？如果你是一粒粮食，你是否哺育了有用的生命？如果你是最小的一颗螺丝钉，你是否永远坚守你生活的岗位？”这是伟大的共产主义战士雷锋在日记中的一段话，也是对“三平精神”的最好诠释。

在大自然中，蒲公英是再普通不过的植物，却可以把种子传播到很远的地方。虽然教师平凡如蒲公英，但无数位教师用自己的学识与德行、奉献和无私为学生们撑起了远飞的伞，也同时在“平凡、平静、平常”中体现着“伟大、激情、责任”。

（本文系 2010 年河南省师德主题征文一等奖作品，原载 2010 年 5 月 21 日《教育时报》，作者系嵩县旧县镇初中校长）

教师尊严就在平凡的奉献中

□ 李舒文

当伴着午夜寒星改完最后一本学生作业的时候，当送走一届学生还未来得及休整又迎来一批孩子的时候，当精心施教一名学困生效果一时不十分理想的时候，你也许会感到沉甸甸的压力，感到身体和心理的疲倦，甚至有一种卑微和孤寂的感觉。数十个春夏秋冬的轮回，上万次日出日落的更替，为人师者面对的依旧是三尺讲台，依旧是平凡、平静、平常的校园生活。这使我们不禁重新思索：教育工作者的劳动尊严与幸福到底体现在哪里？

然而，当我们往深处探寻，从更高层次上求索生命价值和劳动尊严的时候，便会感到，正是这平凡而实实在在的奉献体现着教育的本真，体现着人生的价值，更体现着个人劳动的尊严。

在我任教的第一年，有个10多岁的小女孩给我留下了深刻印象。接这个班的时候，她坐在教室最后排的一角。她常常受那些活泼好动、性格外向的同学欺负，上课时总是一副提心吊胆的表情，规规矩矩地坐着。我没有见过她父亲，只有母亲不断来询问她的学习情况。对能否教好这名学生，我当时心里并没有把握，但是很想去尝试，因为这是自己的责任。每当讲过一课内容时，我就特意到她座位前，询问刚才讲过的内容，尽量把没有听明白的重复一遍，还改善“周边环境”，调走了她身边调皮的两个同学。有一次看她完成的两个造句，评点说一个造得很好，另一个改正一个词语中的错字也很好，她露出了难得的笑容。从此，她开始进步。不久之后的一次家长会上，我竟意外地受到好评。这名学生的经历和这位家长的表现，多少年来一直使我难以忘怀。坚定从教、从不懈怠，将心比心地教好每一个学生的理想信念和教育追求，也从那时开始生根发芽。

2001年，黄河小浪底水利枢纽工程区移民，当地教师遇到难得的移居平原或进城的机会，我和几位老师暗中达成“坚守同盟”：继续留守山区，为农村教育事业奉献才智和心血！我们的请求得到领导的同意。这样一留就是将近10个年头。其间，虽然任教学科以及教育工作岗位几经变动，但是一心为学生成长着想、一心为教育奉献的信念和誓言并没有丝毫改变。精心编辑《作文快车》，为期望提高作文兴趣和水平的中小学生提供交流平台；沉潜身心进行课题研究，为农村弱势群体子女教育、后进生教育等提供可资借鉴的科学参考；辅导学生参加未成年人思想道德建设征文大赛、“小小科学家”手工制作大赛等，先后有100多人次获得国家、省、市级奖励。孩子们从中学到了知识、陶冶了情操，同时也体验到健康成长的快乐和幸福。在学生成长和发展的同时，我的工作被领导、同事及更多人认同，自己也收获着职业的自信和人生的喜悦：被评为模范教师、学术技术带头人，并光荣地加入中国共产党。

在平凡中奉献是教师职业的特点，在平凡中奉献也是许多教师自觉的人生追求。一位有着20年“民师”经历的教师，数十年如一日地记写教育教学感悟，最终成为“全国模范教师”；一位已经晋升为中学高级教师的校长不改读书研习的习惯，订阅6种教育类报刊，一年之内就记写了6大本笔记；去年才任教的一位特岗教师，为了教好偏远山村的学生，放弃双休日为学生辅导；离退休的一位教师，仍像往日一样坚守在小学教学点上，教着一个班的八九门课程，为40多名学生义务做午餐……他们受到社会的敬重，他们享受着人生的幸福。正是身边楷模的激励和感召，我的追求没有止境，我的精神之树常青。

奉献的人生虽然有时会寂寞，但永远不会孤单；奉献的人生虽然平凡，但最能体验到劳动的尊严！

（本文系2010年河南省师德主题征文一等奖作品，原载2010年6月4日《教育时报》，作者系济源市大峪镇中心学校教师）

做一个幸福的摆渡人

□ 刘亚平

我是一位普通的农村教师。我曾经为自己的普通和平凡自卑过，为闭塞的生活环境抱怨过，但庆幸的是，我战胜了这种沮丧的情绪，并以阳光的姿态站在了孩子们面前，和他们度过了一个又一个虽然平凡但幸福的日子。学习了卢展工书记提出的“三平精神”后，我颇有感慨。

《诗经·国风》里有一句话：“淮渭河广，一苇杭之。”意思是说：即使是再宽广的江河，仅凭一枝小小的苇枝，也能穿过到达对岸。刚读的时候，颇不理解，一枝小小的苇枝，何以能穿越急流险滩抵达彼岸？后来经历了一些事情，细细品味，确是如此。

记得是一个雨天。伴着悠扬的轻音乐和窗外淅沥的雨声，略带羞涩的男孩小潘在教室中忘情地诵读着：老师是一棵大树/我是树叶/当风吹来/大树紧紧抓住我/怕我被吹掉/当雨袭来/大树紧紧抱住我/怕我被淋伤/这就是树和树叶/老师和我……因为激动和胆怯，小潘胖胖的脸上泛出浅浅的红晕，声音微颤。在他饱含深情的诵读声中，不觉间，我眼前已是蒙蒙一片。要知道，他可是曾让我们班所有老师都束手无策的“后进生”啊！

刚接手这个班的时候，对小潘已是未见其人，先闻其声：上课乱跑，作业不做，偶尔还会给课堂来点意外的小插曲。正是因为有了这最初的印象，我的心里对他便没有了太高的要求，上课时即使他捣乱，我也没有过多指责，反而是每看到他的一丁点儿进步，心中就非常欣喜，言语间传递给他的更多是鼓励与欣赏。他的字写得棒了，我给他画一张笑脸，他会喜笑颜开；他的发言积极了，我奖给他一个“发言勇者”的胸卡，他爱不释手；春节到了，我发给他一张奖状，写上他的优点，他乐呵呵地捧回家……但长时间养成的坏习惯并不是一朝一夕就能改掉的，小潘也有坚持不住的时候。有一段日子，他对写作文充满了绝望的情绪，看着作文本上别别扭扭的病句，就知道他想自暴自弃。我把他带到办公室，告诉他：“你现在已经进步很大了，很了不起。是老师要求太高，太急于求成了。我们慢慢来，就先从写简单的诗歌开始吧。”就这样，小潘调整好自己的状态，重新开始，直到那个雨天的课堂上，他呈现给我一首属于他原创的情深意浓的精彩诗作，我如获至宝。

看到他的进步，我常常感叹：“给孩子一个机会，他们一定会还你一个惊喜。”而教师的欣赏与激励不正是让学生获得惊喜、抵达成功彼岸的“苇枝”吗？

曾读过一篇名为《摆渡》的文章，我常常想，我们老师不就是一个摆渡人吗？用我们的理解、关爱与永恒的坚持把一个个孩子渡到阳光灿烂的彼岸。虽然“摆渡”的过程是辛苦的，却时时收获着感动与幸福：校园里，孩子们总是满眼笑意地喊我一声“老师”；细心的小女孩在夜晚回家的路上偷偷塞给我一支手电，然后在夜色中跑开；天冷时，学生会捧给我一瓶热水；课间也有孩子悄悄塞给我两粒奶糖……农村的孩子用最朴素的行为表达着他们对老师的感恩。面对他们，我的心被温暖得很柔软。“甘将心血化时雨，润出桃花一片红”，为师者虽然清贫，但源于爱，却付出得心甘情愿。

萨特曾说：“世界上有两种东西是亘古不变的，一是高悬于我们头顶上的日月星辰，一是深藏在每个人心底的高贵信仰。”作为平凡的教师，我们面对生活的意外与不测可能无能为力，但对孩子的爱应该成为我们最初和最后的坚持。尤其是在人心浮躁的今天，我们更需要一份“不逐春风上下狂”的平静，需要“悠然见南山”的安贫乐道，在孩子们成长的路上，做一个幸福的摆渡人。

（本文系2010年河南省师德主题征文一等奖作品，原载2010年7月2日《教育时报》，作者系南乐县杨村乡初中教师）

幸福从此熙熙攘攘

□ 李九洲

刚送走一届学生，感觉暑假过得有点百无聊赖。

“宅”在家里的我打开电脑，上了QQ，原想看看有无学校通知，却见QQ头像跳个不停。双击之后，一下弹出十几个窗口，上面都是“生日快乐”或“Happy birthday”。我的心为之一颤。是呀，今天的确是我的农历生日，连我自己都忘记了，可毕业了的学生们却依然这么有心地惦记着。

本以为7月2日——学生们的毕业之日是一个结束。他们结束了小学6年的学习，即将开始新的学业，而我这个班主任已经谢幕，却不料这是一个新的开始。好幸福，原来他们心里有我。我开始后悔以前为什么没有多留出点时间来与更多的孩子聊聊天、谈谈心；为什么没有更多地关注一些孩子，让每一个孩子都能力所能及地每天进步一点点；为什么没有留意他们的生日，好在生日那天给他们一个惊喜……我没有做的事情太多太多，而孩子留给我的太多太多。

我只是做了一个老师应该做的事，却赢得了学生如此的尊重。在平凡而普通的教师生涯里，有不少教师都在无形中践行了卢展工书记提倡的“三平精神”：“平凡之中的伟大追求，平静之中的满腔热血，平常之中的极强烈责任感。”作为老师，我们应该扪心自问：我在孩子们的成长中扮演了一个什么样的角色？我付出了自己全部的热情了吗？其实，每个孩子心中都有一个秘密的自己，有些孩子就像神秘的撒哈拉大沙漠，看似荒芜、死寂，但是平静的沙子底下蕴藏着勃勃生机，它的生机要靠你的爱与热忱慢慢去发掘。

师范毕业的我，已经在教育的路上走了十几年，在与孩子们同行的路上，总有一些故事温暖着我的心灵，让我久久不能忘怀。记得有一次，我带着儿子在广场闲逛，碰见了一个毕业多年的学生小王。看着小王一副热情的样子，我却想不起他的名字，着实很尴尬。

小王丝毫不介意我的健忘，热情地抱起我的儿子，非要从路边的小摊上给他买玩具，无论我怎样劝阻、儿子怎样踢他，都丝毫阻挡不了他的热情。

当天晚上，小王就打来了电话。寒暄过后，他说："老师，知道我为什么对您这么有感情吗？有一次做练习题，发到我那里正好没了试卷，您很认真地到办公室给我找。办公室也没有了，您又到别的班，跟人家借了一张给了我。当时我在门旁看得一清二楚。老师，其实我这样的学生，做与不做没什么区别。别的老师甚至连试卷都不愿发给我，我都习惯了，无所谓的。只有您尊重我，虽然以后课堂上我特别用心，可还是没学好……"

放下电话，我感慨万分。

而今天，当我在这个暑假、在这样一个普通又特别的早晨，我的学生用他们的祝福悉心地温暖我的心灵，以无微不至的爱燃起我被浇熄的理想和激情，让我重新审视了自己的过往，并对未来有了坚定的信心。

于是，在30岁生日这个早晨，我在我的QQ日志上写道：我要试着改变自己教育教学的行走方式，多一双发现美的眼睛打量孩子，多一份快乐的心情面对课堂，多一份责任心去面对教育，多一股创造的激情超越平淡。

我要尽力在自己教育的责任田里播种。我知道，我播种，我快乐。我发现，幸福从此熙熙攘攘。

（本文系2010年河南省师德主题征文一等奖作品，原载2010年7月9日《教育时报》，作者系上蔡县蔡都镇第三小学教师）

在讲台上，我的心才会平静

□赵　贤

虽然只有三尺讲台、一个教室，我们却努力培养着国家栋梁；我们的收入一般，却同样支撑着全家生计；我们在社会上的地位尽管平凡，却在进行着不平凡的育人事业。那么，我们的快乐是什么？幸福又是什么？

我想那不是为了评先评优、职称晋升，也不是为了拿多少补课费、奖金，而是当学生亲切地叫着我“班头”、“贤哥”、“老赵”、“Mr. Zhao”时，当他们用炯炯有神的目光看着我、等待我的指导和评价时，当他们听说我外出培训时失落的表情，还有我归来时学生激动落泪的一幕幕……作为爱学生的教师，这就是对我们最大的安慰，是他们充实了我们的生活、丰富了我们原本枯燥的工作——这就是幸福。

忘不了2009年冬天那场连绵的大雪。下午第四节是体育课，孩子们都在操场上玩耍，有的在打雪仗，有的在堆雪人，还有的在滑冰，玩得不亦乐乎。我回到住处，刚想开灯，一个身影出现在后面，是小琳。小琳是个害羞的女孩，只见她满脸通红，胳膊夹着什么……“老师，我衣服破了——”声音很低，但我听到了。我仔细看了看破的地方，迅速找到自己的针线，轻声问：“你自己会缝吗？”她不做声。我随即找了自己的一个外套，示意让她脱下换上。我走出去带上门，心里热热的，这么胆小的学生在遇到困难时能想到我，说明我多么值得学生信任啊！元旦前的一个下午，我像往常一样走进办公室，打开抽屉，映入眼帘的是一叠漂亮的卡片，每一张上面都闪耀着一颗真诚的心。小琳的卡片很小：“您的关爱像爸爸，又像妈妈。新年快乐！”读到这里，我笑了。

这些平实的话语，是我不断前进的动力。我爱他们，也得到了他们的爱，我很幸福。每次在工作任务完成之后，我一个人静静地坐在办公桌前，看着班级学生的名单，眼前浮现出他们一个个鲜活的面孔，我总在反思：如果我再多付出一些耐心、爱心、细心，韩雷马虎的毛病会改掉的，王雷多动的缺点会改掉的，李龙基的字会好起来的；如果我多抽一点时间和刘为谈谈心，他就不会对自己没有信心了；而我对黄是凡和丘森再多一些关心，他们的数学就一定会有进步……一想到他们每个人无限光明的未来，我就激动不已，我的汗水和心血不会白费，心底就产生无比的自豪和无穷的力量。

选择教师这个职业，有人说注定一生清贫、两袖清风，注定一生孜孜不倦地无私奉献。每个人都有自己的理想和抱负，在初次踏上教师行业的两年里，我很自负，为自己一个本科生来到这个偏僻的农村初中感到郁闷，工作之余就开始考研或调动工作。直到我从周围那些经验丰富的优秀教师身上看到了人生的价值，我开始端正工作态度，慢慢放下身子，以一颗平常心看待身边的人和事，不断确立自己作为一名教师的人生观和价值观。

在学校各级领导和同事的热心帮助下，我开始不断学习新的教学方法和国家教育方针政策，提高自己的专业素质和教学水平，现在我已成为学校的骨干教师。我很庆幸自己当初的选择，虽然生活中没有波涛汹涌的感官刺激，没有豪华奢侈的物质享受，但我们有着同样的远大追求，比常人更加坚守承诺，身负高尚伟大的育人责任，用自己饱满的热情履行使命。我们的工作平凡而伟大：平凡，是因为日复一日，具体而琐碎；伟大，是因其在点点滴滴中塑造着未来栋梁的灵魂。

“三平精神”为我这样一名年轻教师指引了方向，我会继续将教师作为人生的事业来用心经营，为了孩子们的明天奉献自己。因为只有在讲台上，我的心才会平静；只有在讲台上，我才知道自己的人生价值；只有在讲台上，才能真正实现我为人师的人生信仰。我辛勤的浇灌，收获的是桃李满园。孩子们偶尔的一张卡片、一个温馨的电话、一条真诚的短信，是我心里永恒的温暖。可以说孩子是我生活的全部。我不期望付出的回报，看着他们快乐地成长，收获了心灵的充实和精神上的满足，这就是我的快乐，也是我最大的幸福！

（本文系2010年河南省师德主题征文一等奖作品，原载2010年7月16日《教育时报》，作者系南召县皇后乡第一初中教师）

让爱在奉献中升华

□ 王振永

“把最宝贵的东西献给儿童。”这是半个世纪前宋庆龄的一句名言。“把最纯真的爱心和最有价值的知识奉献给聋生。”这是一个特殊教育教师最真挚、最执著的理念。人民教师尤其是特教老师，只有坚守“三平精神”倡导的信念、生活态度、工作责任，提升自我的品质修养、情操风范、思想境界，才能真正做到无愧于“人民教师”这个光荣的称号。

聋生由于听力障碍造成信息渠道的相对闭塞，进而形成道德认识不足、意志薄弱、信心不足、不满现状、多疑等人格障碍。作为聋校教师，我们只有爱学生，才会认真备课、上课；只有爱学生，才会有责任心、事业心；只有爱学生，才会抛开一切名利；只有爱学生，才会理解学生、信任学生。在课堂教学中，我结合教材内容，依据学生的认知特点，系统地应用贴近生活的事例进行讲解，以提高学生的道德认识。如在教授《丢了斧子》这节课时，我运用师生表演的方式，把邻居多疑的性格淋漓尽致地表现出来，让聋生从中汲取教训，培养良好的道德行为。

要培养聋生美好的心灵，我们就要“动之以情，晓之以理”，就要“用真爱来换取真爱”。在师生交往中，我把建立师生之间良好的情感基础作为教育成功的前提，针对聋生中因缺乏家庭温暖的“情困生”，从衣（购买衣物）、食（吃饭情况）、住（洗漱整洁）、行（亲人接送）、学（个别辅导）等方面给予关爱，使“师爱”如涓涓细水流入聋生的心田。

“只有共鸣的生命，才会有激情和创造。”我把建立新型的师生关系融于日常教学，让学生在宽松、民主、平等的课堂气氛中激发情感、坚定学习的意志，进而形成积极的学习动机。在课堂上，我尽力使自己的课堂没有枯燥的分析，而采用形式多样的探索、体验式教学打造高效课堂。例如在教授《诚实的孩子》一课时，我充分发挥聋生的主体作用，通过以自导自演的情景剧、情景对话，在寓教于乐的同时培养学生的诚信品质，从细微处引导聋生形成良好的品德。

用“家”的感觉塑造温暖的集体。生理残疾，使得聋生整个家庭在旁人眼中成了“特殊家庭”，给家人蒙上了心理阴影。聋生在家里要么被娇宠溺爱，要么被遗弃。这都会对聋生产生潜移默化的负面影响。在学校，我们尽力为聋生创设一个温暖的集体，要让学生们感受到“一个班级就是一个家，我们是一家人，应该相亲相爱”。我精心布置教室，让学生在教室内就能感觉到春夏秋冬的变化，并利用晨会，对全班学生进行集中教育；每周召开班干部会，充分发挥班级核心力量的作用；通过开展各种有趣的活动，建立浓厚的班级文化氛围，把学生们的心融在一起；结合中秋节等传统节日，开展“分享月饼话中秋”、“交换礼物迎新年”等活动，让学生体会亲情和友情；建立“人人一岗制”，让学生们都有一份为班级服务的工作。

“如果教师既爱他的事业，又爱他的学生，那么他就是一个好老师。”是的，只有爱事业、爱学生，这个“爱”才能在奉献中不断升华。我愿意把自己的爱分享给更多的学生，在“三平精神”的引领下默默耕耘在特殊教育这片芳草地上，为特殊教育事业作出应有的贡献。

（本文系2010年河南省师德主题征文一等奖作品，原载2010年7月23日《教育时报》，作者系漯河市特殊教育学校教师）

愿做绿叶愿做根

□ 张国强

因为喜欢泰戈尔的诗，15 年前，我选择了师范专业。泰戈尔曾说：“花的事业是尊贵的，果实的事业是甜美的，让我们做叶的事业吧，因为叶的事业是平凡而谦逊的。”15 年来，我一直默默地这样做，因为我知道，绿叶吸收阳光雨露的滋养，吸取根从大地输送来的养分，无私地奉献给了花，名利、地位毫无所求，只为鲜花奉献一生。

10 年前，我的一名学生，父母双亡，家庭条件很不好，跟着爷爷奶奶一起生活。由于缺乏父爱母爱，养成了散漫、反叛的性格。他经常迟到，上课乱说话、搞小动作，还和同学打架、不做家庭作业等，可以说，从小学一年级开始，他就是全校有名的“捣乱生”。学生对他避之唯恐不及，许多老师对他无计可施。我深知要一下子改掉他从小养成的这些毛病，是不现实的。我就采取了逐步帮他改正毛病的方法，一点一滴地提高要求，有进步时就给予肯定，重犯错误时我就耐心帮助，让他增强改正错误的勇气和决心。

有一次，我发现他上课睡觉，找他谈话时，他却理直气壮地说：“昨天夜里我帮家里干活到晚上 12 点，困了！”这时，我没有批评他，而是对他热爱劳动、利用课余时间帮家里干活的做法，给予了充分肯定，并帮助他合理安排时间，做到学习、干活两不误。在多年耐心的诱导下，他终于改正了缺点，成为了一名品学兼优的学生。现在，他已是高中三年级的一名学生了。每年寒暑假，他都要找我倾吐心声，并对我当初的耐心教导念念不忘、表示感谢。看到当初不懂事的小孩儿如今长大成人，我热泪盈眶。

看到卢展工书记提出的“平凡之中的伟大追求、平静之中的满腔热血、平常之中的极强烈责任感”，我激动不已。是的，如果把每一位学生比做一粒希望的种子，学校就是一片孕育希望的土壤，老师则是播种希望、播种花籽的使者。他们默默无闻，只为花的芬芳。

站在三尺讲台，几十双眼睛看着你，从那明亮的双眸里，我看到了信任。教师唯有倾其所有地把自己的所学所知教给学生，才不愧“人师”的称号。行走在教育这条路上，后面是一个个茁壮成长的学生，前方则是一个个优秀的教师代表鼓励着自己，有的甚至就在自己身边。比如全国模范教师王生英，她身残志坚，几十年如一日，以家为校，以校为家，默默坚守，为了山区的教育事业，奉献了自己的青春！

15 年过去了，回首自己的教师生涯，我更感觉到，自己选择的道路是正确的，自己从事的是根的事业。根把自己埋在泥土里，默默无闻地付出。根把自己植于大地中，拼命地吸取养分，源源不断给绿叶、鲜花以滋养。根和绿叶一样，默默无闻，都成就了花的茁壮、花的灿烂。

（本文系 2010 年河南省师德主题征文一等奖作品，原载 2010 年 8 月 6 日《教育时报》，作者系林州市城郊乡土楼学校教师）

以“三平精神”提升教师素质

□ 马玉霞

随着我国经济社会的快速发展、物质生活的不断丰富，人们的心态也正悄然发生着变化：有些人心浮气躁、急功近利，不屑于日常工作的平凡与琐碎；有些人则在平静中逐渐懈怠，在平凡中渐趋平庸，没有了追求，失去了激情，忘却了责任和奉献。

对照教师的工作职责和特点，我认为卢书记提出的“三平精神”与我们长期探讨的“教师精神”完全一致。教育事业一直被人们称为“太阳底下最光辉的事业”，承担着塑造民族未来的历史重任。教师在日常工作中如何处理好平凡与伟大、平静与激情、责任与奉献的关系，“三平精神”为我们指明了方向。一名优秀的教育工作者，一定是在自觉或不自觉地践行着“三平精神”：在平凡的工作岗位上永葆崇高的职业理想和道德追求，对自己的工作精益求精；在平静的教学中充满激情，善于体察学生的细微变化，发现学生的进步和闪光点，创造性地激发学生成长和发展的热情；在平常的生活中以自己的言行影响带动学生，做孩子终身的良师益友，培养学生“家国一致的朴素担当意识”。因此，我认为“三平精神”完美地诠释了“教师精神”。教育管理者只有引导教师立足平凡岗位，端正职业态度，平衡职业心理，把平凡的人生与伟大的职业追求联系起来，人生之路才能越走越有乐趣，越走越宽广。

要加强师德师风建设，用“三平精神”涵养教师的教育人生。教师所从事的是育人的事业，点点滴滴中塑造着人的灵魂。春风化雨，润物无声，曾经是对教师职业操守和价值追求的诗意赞美。“立人先立德，正人先正己。”学校要采取丰富多彩的形式，加强师德师风建设，提升教师的理想、道德追求，使教师能够自觉静下心来教书、潜下心来育人，坚决抵制庸俗世风的影响，培养“位卑未敢忘忧国”的高尚情怀，养成良好的职业道德、健康的个性心理和健全的人格魅力，真正做到“学为人师，行为世范”，以丰富的学识和高尚的人格影响学生，把平凡的人生与伟大的职业追求结合起来，用“三平精神”涵养自己的人生气度。

要努力营造公平的教育文化，为教师平和、平静育人创造环境。政府应加大力度推进教育公平，包括硬件的公平、招生的公平、评价的公平等，减少各学校之间不公平的竞争。学校内部也要营造一种公正、透明的教育教学评价文化，它不仅仅包括考评制度，更重要的是一种公正评价、认可的氛围和价值观。唯有公平，校长才能专注于学校教育，教师才能平和淡定，才能藉生活以传道、寓热肠于从容。

要提供相应的物质保障，激励教师用“三平精神”提升自身素质。教师工资不高，生活压力较大，于是，有些教师不甘于现状，把赚钱和改善生活条件当做工作的目的和动力，一定程度上淡化了教师的职责和使命，消磨掉了教师的职业自豪感。同时，周而复始的教学生涯又容易使一些教师产生职业倦怠。因此，政府既要加大教育的投入，又要为教师发展提供物质保障；学校既要制订教师发展规划，又要搭建多种多样的适合教师发展的专业平台。只有多策并举，激励广大教师在平凡的生活中充满激情和乐趣，才能让教师在繁重的教学任务中保持持久的发展动力。

我们学习、贯彻、落实“三平精神”，就是要使全体教育工作者更加全面地理解“三平精神”，更加深入地思考“教师精神”，更加自觉地践行这种精神，使之成为广大教育工作者恒久的理念、习惯和素养，为河南教育事业的发展提供坚实的思想保障。

（本文系2010年河南省师德主题征文一等奖作品，原载2010年9月10日《教育时报》，作者系河南省实验中学校长）

选择了远方，就风雨兼程

□ 王淑娇

忆往事，脑海中印象最深的事，莫过于自己的伙伴喊自己“老师”。从模仿“小老师”的那一刻起，我就坚定了一个信念——长大后一定要成为一位教师。也就是从那一刻起，我一直朝着这个目标前进。

1997 年，当我接到录取通知书时，我高兴得眼泪都流了出来。时光荏苒，转眼从事教师这一职业已近 10 年。在 2010 年的全国两会期间，省委书记卢展工在北京召开的河南进京务工人员座谈会上提出了“三平精神”，即“平凡之中的伟大追求，平静之中的满腔热血，平常之中的极强烈责任感”。我认为卢书记提出的“三平精神”应该是每一位教师都要恪守的职业诉求，特别是“平凡之中的伟大追求”这一句。

我曾经读过一位优秀教师的故事。这位教师所做的事情其实很平凡，他的班内有一位学生上学老是迟到，教师多次提醒，但是这位学生一直没能改正。后来，经过了解，这位教师弄清原因后就天天给这位学生“电话叫早”，并且一叫就是整整一年，直到这个学生不再迟到为止。其实，“电话叫早”并不难，但是天天坚持，而且坚持了一个学年，的确不是一件容易的事。然而，这位教师就是把这么一个平凡的事情坚持了下来，也正因为这些优秀的教师把工作中一件看似平凡的小事都做得扎扎实实，所以才能教育出一批又一批优秀的学生。这位教师是我学习的榜样，从那时起，我就开始坚持做身边的小事：对于“基础知识差”的学生，我没有急于求成，而是耐心地、一点一点地教他们掌握每一个词，写好每一句话。

教育即生活，生活即教育。教师的生活是充实的，是值得骄傲的。教师的每一个动作、每一个笑容都带上了教育的符号。走在校园里，不经意地看见一位学生捡起垃圾，就给他一个会心的微笑；看见学生学习进步了，就及时地给予表扬；学生有困难的时候，及时伸出援助之手……所有这些普普通通的生活细节，构成了教师的日常生活状态。

教师的生活是朴素的，职业是平凡的，然而，这种朴素和平凡却是生活的最高境界。教师是平凡的，平凡得就像一颗小小的铺路石，没有水晶的纯净，没有宝石的艳丽，更没有钻石那般光芒四射。每当我看到孩子们求知若渴的眼睛，每当我看到学生们在深夜灯下勤奋学习，每当我看到学生的短信——“老师，您辛苦了！”的时候，我内心深处总有一种无穷的力量在推动着我。我知道，这就是一名平凡的人民教师的爱与责任。

作为一名新时代的人民教师，我想说：我的选择是光荣的，是无怨无悔的。既然我选择了远方，就应该风雨兼程；既然我选择了教师这个职业，就要用爱与责任去关心每一个学生，去铸就崇高的师德、师魂，用我的爱在教育的原野上塑造一座永远不倒的丰碑！

教师在平凡中创造着伟大，教师因平凡而伟大。让我们坚守这份平凡，怀抱终身从教之志，做一个平凡而伟大的人民教师吧！

（本文系2010年河南省师德主题征文一等奖作品，原载2010年10月26日《教育时报》，作者系滑县王庄镇沙店南街中心小学教师）

我们身边的“三平教师”

平凡中有伟大崇高的追求，平静中有满腔沸腾的热血，平常中极富责任感，低调而扎实，平静而沉勇。在平凡的岗位上依然牢记使命、执著追求、勇挑重担；纵使工作生活十分单调，依然孜孜以求、埋头苦干、刻苦钻研；即便身处偏远的农村学校，依然自信满怀、志向远大、不甘平庸。河南129万教育工作者用自己的实际行动，对“三平精神”作出了最好的诠释。

郭国良

从平凡到伟大，仅有一步

2010年8月8日，虽是暑假期间，可郭国良依然在学校，为正在进行的暑期教师培训忙碌着。

当天，他的手机不时响起，短信息来自全国各地，发信息的都是他的学生，而内容却只有一个："祝贺您成为全国教书育人楷模候选人！"

2010年8月13日，记者谈及此事，郭老师粲然一笑："惭愧。"他的理由很简单："我只是一名平凡的教师，做着自己本应做的事情，可得到了这个极其光荣的称号，受之有愧！"

在郭国良的宿舍里，记者见到了一个普通的档案盒，里面珍藏着厚厚一摞证书，记者数了一下：66张。

这里面，既有2009年4月人力资源和社会保障部、教育部联合颁发的"全国模范教师"证书，还有他所在的学校——汝州市第一高中颁发的"功勋教师"证书。

与这些证书保存在一起的，是20多年来学生寄来的书信和贺卡。发黄的信纸上记载着满含感情的文字，至今读来仍让记者热泪盈眶。

郭国良说："所有荣誉与这些写信的学生及他们的同学是不可分割的。"

把伟大追求融入平凡的教育过程

心做沙漠，肯定连一根草也长不出来；心做沃土，定能育出棵棵栋梁之材。教育工作，我们可以把它做得很平凡，也可以把它做得不平凡。我们可以不思进取、甘于平庸，领上一份工资，讲授几节课程，周而复始地照本宣科。

我们也完全能够追求高远、立德树人，把教学变成研究和创造，把教学视为科学和艺术，奉献爱心、挥洒热情，培养出一个又一个优秀学生，培养出一批又一批杰出人才！

——郭国良

勤奋、睿智、幽默——在记者采访过程中，这几个词是许多人对郭国良课堂教学的评价。

汝州市尚庄乡郭营村，一个地处丘陵的小村庄，给了郭国良艰难而又记忆深刻的童年生活，也给他留下了第一笔人生财富：吃苦耐劳、勤奋努力。

现年45岁的郭国良，对养育他的这片土地怀有特殊的感情。他一岁多时因脊髓灰质炎留下了后遗症，然而，这片土地没有嫌弃他，而是支持他坚强地站了起来，矢志不移地前行着。

1988年的夏天，他大学毕业了，然而，手中的报到证并未给他带来喜悦。“汝州市尚庄乡党屯中学”——赫然纸上的几个字，与其他同学的报到证相比，显得那么苍白。

这是一个前不着村后不着店的农村中学，即使23年后的今天，记者和郭老师再次来到这所学校时，依然要走过那条长达2公里的坎坷不平的田间石子路。

2010年8月13日，在葱郁的玉米田中间，这所乡村中学因暑假而变得十分静谧，只有蝉鸣声彼此应和着。郭老师指着大门口“科学管理”四个大字，略显激动地说：“这是我当年与几位老师一起写上的。”绕着围墙走着，郭国良向记者讲述起了他在这里从教的第一步。

“当年，在这里，我是唯一的一名大学毕业生，拿着每月47.5元的工资。与那些老教师相比，我当初的懊恼心情荡然无存了，因为他们的工资基本上都是20元左右。为了对得起这份工资，我都应该好好干。”

“农村的孩子真懂事呀！由于我当年是自己在校做饭，经常有学生悄悄将从家里带来的各种蔬菜放在我的宿舍门口。每当我到2公里外的村庄担水，总有家长主动接过扁担送到学校。为了对得起孩子们眼中那崇敬的眼神，我都应该好好干。”

在这些想法的驱使下，郭国良踏实工作着，书写下了他人生的第一次辉煌。

1990年的3月份，全汝州15个乡镇的历史教师都来到这所学校听示范课，每天30人左右，共听了3天。而上课的教师，就是在这里刚刚工作了一年多的郭国良。一位校长听完课之后感叹："真是英雄出少年呀！"

1991年，因教学成绩优异，郭国良被调到汝州一高工作。他说："我的第一节课是《中国近现代史讲座》，当我导入新课后转身板书时，教室里响起了热烈的掌声。素不相识的师生，给了我这位新来者莫大的鼓舞。"

曾听过这节课的一位老师说："一位乡下初中来的教师，充满激情的开场白，一下子就镇住了所有师生，当时的掌声是我们表达心情的最好方式。"

就这样，在此后的20年间，掌声成了激励郭国良前进的最大动力。

"郭老师的历史课上得真好。"在记者采访过程中，这句话听到了无数遍。他的同事这样说，他的学生也这样说。

有谁能知，为了上好每一节课，郭国良付出了多少心血。"我虽然教历史，可是我对文学、哲学等都很感兴趣，正是大学期间练就的文学功底，让我有了写文章、即兴演讲的勇气；正是因为我不仅熟练掌握了高中历史教材，还十分熟悉大学历史专业的教材，加上平时我还经常看各类历史书籍，才让我能够准确驾驭课堂。正是这样，我的课才会受到学生的喜爱。"

"批改不过夜，评讲不隔天。"这是郭国良的口头禅。可是，高三教学的特殊性，决定了落实这句话的难度之大，更难的是，如何始终如一地坚持20多年。

然而，无论是郭国良15年前教过的学生，还是刚刚送走的学生，他们一致说："郭老师真是这样做的，不仅批改我们的作业，还给我们写评语。"

在郭国良的办公室，记者见到了一大摞作业本。翻阅每一本，都能见到批改的痕迹和富有温情的批语——"静下心来，笑对人生，我相信你！""进步之大，超乎我的预料，继续努力，大有可为！""沉着冷静，默默无闻中见长进，我相信你的能力和努力！"

在学生宿舍楼一楼的楼梯口，一间不足15平方米的宿舍，一张办公桌，一张床，一个书柜，一些凌乱的生活用品，这就是郭国良的宿舍。他每周至少有4个晚上在这里住，每天都在这里备课、改作业；每天早上5点便起床，在教室里悄悄等待学生到来；每天晚上10点半后，还督促学生休息。天天如此，年年如此，20年如此。

把满腔热血融入平静的教育信念

我为自己能够培养出一些有出息的学生而骄傲，同时也为自己能力所限而不能培养好的学生而痛苦。我尽我的所能，在我的教育责任田里播种着。我愿意将教书育人理解为一首抒写生命的情诗，我愿意在教学中用温情去培育那些高贵的学生，我要尽我所能不让我的学生对未来失望。我与我可爱的学生们一起学习，一起努力，一起奋斗，一起成功！

——郭国良

关注未来，注重实践，关心农村教育——在采访过程中，这是记者听到的许多人用来表述郭国良对教育信念满腔热血的语言。

高中阶段很重要，教师不仅要关注学生高中三年的发展，更要为其一生发展奠定正确的价值观念和人生态度。纵览历史的郭国良，将读史的感悟落实到了教书育人工作中。

现在就职于汝州市委办公室的黄留国，曾是郭国良 1996 年教过的学生。在一篇文章中，黄留国这样写道："郭老师总是教育我们要放眼整个人生、顾及社会的未来。他赋予我们的思想和精神一定会与我们相伴一生。"

郭国良被学生公认"最会做心理工作"。谈到这个话题时，2009 年师从郭国良而现就读于西南政法大学的郭冰冰用了一个词："新潮。"她的解释是：他从不用刻板的理论教育学生，而是结合学生自身的情况，用身边的事例温和地说服学生。

记者在翻阅资料时，无意中找到了郭国良"新潮"的最好诠释：一篇写于 2010 年 3 月底的《关于'90 后'高中生常见问题及对策研究》的文章，这篇文章的标题居然是——"不要迷恋哥，哥只是个传说"！

这篇洋洋洒洒 3000 多字的文章，充满了激情，充满了理性，充满了说服力。文章中这样说："为什么不要再迷恋哥？因为哥的阳刚之气没了，刚毅坚定、宁折不弯的魄力没了，哥已经不再是正义的化身，哥也不再是弱者的保护神，哥更肩负不起家庭、社会、国家乃至整个民族的责任。"经过有理有据的论述后，他在文章的结尾呼吁："哥呀！作为新一代的青年，要有点哥的模样！"

该校的李周法老师告诉记者，文章当时在整个高三年级引起了强烈反响，"学生当时对郭国良崇拜得不得了"。

普通高中教育，很容易陷入应试教育的泥潭。"纸上得来终觉浅，绝知此事要躬行"，如何才能真正实现"向素质教育转化"？这是郭国良一直在思考并积极探索的内容。

2003 年 3 月，郭国良带领学生徒步近 40 公里，前去参观汝州市的天瑞集团干法水泥公司和天泽焦化公司。

“让学生动起来，让学生走出去，让学生在实践中感悟教材知识。”郭国良谈及此事，这样总结当时的初衷。

这件事的教育效果，应该说学生们当年写下的话语是最有说服力的。尚红伟老师翻箱倒柜找到了当年的一些资料。记者看到了这样一些文字——

巩晓鸽：第一次走进轰隆隆的工厂，我真正感到了自己的渺小。原以为每科考了多少分、占到多少名次就了不起了，但当工人师傅问及我制焦炭的条件时，我却想不起来了。

闫利敏：原来有些废物可以变成宝贝，有些东西还可以循环利用，有些物质要经过多次除杂。原本以为自己化学学得很好，现在看来一无是处。

已经有 23 年教龄的郭国良，在汝州一高，不仅是学生的老师，还是许多年轻教师的老师。该校一位教师告诉记者，汝州一高 70% 的骨干教师都是郭国良培养出来的。

在郭国良的影响下，该校的很多教师都成长为汝州市乃至平顶山市的名师。该校校长刘火亮说：“国良就是我们汝州一高的旗帜。正是有了他，我校的中青年教师才有了前进的动力，从而激活了全校教师的活力。”

郭国良不仅引领汝州一高的青年教师走上了专业化成长的道路，还把先进的教育理念传递到汝州市偏远的乡镇。

汝州市温泉镇位于汝州市区西 30 公里处，该镇初中和小学的教师除一部分是原来的中师毕业生外，余下一部分便是民师转正的，真正具有专科以上学历的教师屈指可数。

2003 年 4 月，得知这一情况后，郭国良建议到该镇第一初中进行教育交流活动。在郭国良的带领下，汝州一高的 8 位骨干教师积极进行备课，并将内容丰富的教案打印出来。

整整一天，8 节公开课，8 场教学研讨会，起到了意料之外的效果。

时至今日，温泉镇第一初中的几位教师还对那次活动记忆深刻。该校的陈向锋老师说：“当年我们虽然正在推行新课改，要求落实新的教学理念，但是我感觉像是一头雾水。可以说，正是那次教育交流活动，让我对新课改有了初步认识，让我走向了探索崭新教学理念的路。”

在那几年里，温泉镇第一初中、夏店乡第一初中、汝州市第三中学……都留下了郭国良和同事们的身影，所到之处好评如潮。

把强烈责任感融入平常的教育细节

一个教师应该把爱心放大一万倍，应该把责任心放大一万倍，点燃一颗颗希望之星！教育事业神圣而光荣，教师职业使命崇高、责任重大，人民群众对我们有重托、有期待。因此，我们没有任何理由看轻自己，我们没有任何理由不努力工作，我们没有任何理由不认真对待每一天，我们更没有任何理由不拿出优异的成绩来！

——郭国良

不放弃一个学生，坚持家访，无私援助贫困生——这是大家对郭国良工作极负责任的凝练概括。

自1988年至今，郭国良当了23年的班主任，而且常年担任高三班主任。

常年不能有丝毫懈怠的班主任工作，也曾让郭国良感到疲惫过。然而，当学生和家长提出“我们恳切要求郭老师担任班主任”时，郭国良只能微微一笑：“我还当，我当定了！”

“从不放弃任何一名学生。”在这么多年的班主任工作中，这是郭国良始终坚持的一个基本原则。

“我是从农村走出来的，我现在教的都是农家娃儿，他们肩上承载着整个家庭甚至是整个家族的希望。我放弃了一个学生，就等于放弃了一个家庭的希望。都是农家子弟，不认真对待孩子们就对不起自己的良心。”郭国良说，“我这样做还有一个原因，我觉得爱是会传递的，今天我给学生一份爱，明天他就会给别人一份爱。”

田惠霞，现为汝州市温泉镇第一初中教师，是郭国良1996年担任高三班主任时的学生。此次采访时偶然相遇，迎面走来看到郭国良，她激动得满脸通红。

田惠霞说：“我当年是转学到郭老师班里的，由于成绩较差，一直很自卑，但是郭老师经常鼓励我。记得有一次我的考试成绩进步很大，他在班会上对我大加表扬，至今我都记忆犹新。”在那个时代，郭国良就始终坚持每次考试都不公布学生的成绩。

田惠霞还告诉我们：“作为一名班主任，我现在也采用郭老师的做法——关注每一位学生。郭老师就是我的榜样，时刻激励着我不能放弃任何一名学生。”

郭国良说：“从事教育工作是快乐的，塑造完美的人更是快乐的，毕竟转变一个后进生比培养一个优秀生付出的劳动更多。”谈到关于后进生转化的话题，郭国良给记者讲了好多例子，而此时，他开心的样子也感染着记者。

朱旭光，一个颇有戏剧天分的小女孩，8 岁时成为河南电视台《梨园春》擂主，14 岁时在“中国少儿戏曲小梅花荟萃”活动中一举摘得“小梅花”金奖。而来到汝州一高就读时，她的文化课基础较差。为了让朱旭光能够在文化课和戏剧学习上两不误，郭国良不仅自己给她补课，还找其他学科的教师给她补课。

“这孩子悟性高，进步很快，经过努力，她的文化课在 2009 年的高考中考了 400 多分，最终被中央戏曲学院录取了。”郭国良拿着他们两人在校园中的合影，欣慰地对记者说。

高中学习竞争激烈，后进生最容易沉沦。可郭国良不这样认为，他说：“育人是班主任的第一要事，只要精心育人，就不愁后进生不发生变化，就不愁他们的品德不会变好。”

汝州一高的学生来自该市各个乡镇，年龄大了，心里牵挂的事情多了，问题也就多了。为了帮助每一位孩子解除心理障碍，郭国良 23 年如一日地坚持家访。

“没有家访就不能深入了解学生的心灵。每教一届学生都要想方设法把全班学生的家走一遍。”坚守着这样的规矩，每当周末或节假日，他要么骑自行车、摩托车，要么乘公共汽车，奔波在家访的路上。

1573 平方公里的汝州市分布着 453 个行政村，其中 90% 的村子都留下了郭国良的足迹。有老师统计过，这么多年来，郭国良家访累计行程足有 3 万公里。这比两个长征还要多的路，让腿脚灵便的人走下来都是难以想象的，更何况走起路来不太方便的郭国良呢！

有一年，郭国良所教的班里有个叫张志超的学生，家里经济困难，他本人也患有严重的植物性神经紊乱，所以精神压力特别大，根本无法静心学习。一次请假后，张志超两周都没有到校。

“那天我骑自行车跑了 20 多公里，走到半路下起了大雨，泥泞的乡村小路根本没法骑车，我只好推着车走一段儿便停下来清理一下车轮上的泥，一路上还摔倒了 3 次。到村里询问时，村民看我浑身脏兮兮的，毫不客气地说：‘就你这样会是汝州一高的老师？’经过再三解释，才找到这个学生的家。当时，我只说了三个字：‘回学校！’”郭国良平静地叙述着。回来后，他给张志超在县城找医院治疗，并资助了一些费用，这个学生的症状后来缓解了很多。

如今的张志超已经从东北林业大学毕业。谈及此事，张志超满怀感激地说："如果不是郭老师，怎么会有我的今天呢？郭老师改变了很多学生的命运，我就是其中的一位。"

身为班主任的郭国良，对自己的生活极为苛刻，从来都舍不得乱花一分钱，一辆破旧的自行车伴他走过了十几年。可他对学生却极为慷慨。他在资助学生时，很少直接把钱给学生，而是想出各种办法，就是为了既能帮助学生又不伤害他们的自尊心。

该校的兰庆杰老师说："举个近的例子，郭老师的班里有一名姓宋的女生去年考上了华中科技大学，接到通知书后却满脸愁容。经询问得知，她家里几乎没有任何收入来源，根本无力支付那高额的学费。郭老师不仅联系一家医院给她资助，还拿出500元钱悄悄塞给这名学生的母亲，鼓励这名学生要有战胜困难的信心。"

"这么多年来，你资助学生共有多少钱呀？"记者试探着问。

"没算过，反正是觉得该给的都给了，最少也有两万了吧！"郭国良爽朗地笑着说。

其实，对此记者最想知道的是郭国良家人的意见，所以，在他家里，记者将这个问题抛给了他的妻子叶爱勤。叶爱勤说："其实俺家里也不宽裕，我下岗好几年了，每月就三四百块钱的补助，家里上有老下有小，就指望他的工资过日子。不过对他资助学生这件事我都习惯了。既然他当了教师，咱还能说啥？对孩子们好是应该的！"

站在一旁的郭国良只是"呵呵"笑着，从他的笑容和看妻子的眼神里，记者察觉到了一丝歉疚的成分。然而，从叶爱勤的话语里，也听出了家人对郭老师的支持。

整整两天的采访，让记者读懂了这位植根于中原大地、甘愿心做沃土的普通高中教师。仔细想来，郭国良其实和全省129万教育工作者一样，在自己平凡的工作岗位上，怀揣极强烈的责任感，默默地履行着自己的职责。然而，他正是凭着低调而扎实、平静而沉勇的工作，在广大学生心目中树立起了高大、伟岸甚至近乎完美的形象。反复回味郭国良其人其事，记者强烈地感受到，从平凡到伟大，其实只有一步之遥；而这短短的一步，却需要我们用心去迈！

（原载2010年8月17日《教育时报》，作者：刘润涛、楚扬、刘红雨）

王格现

一只手撑起的天空

王格现用右手从上衣口袋里掏出一盒烟，拇指和食指配合着翻开盒盖，给记者让烟。这天是2006年6月27日，记者第二次到范县城关镇西李庄小学采访。

类似的情景在2005年11月24日，记者初次采访王格现时就出现过。不过那一次，他用胳膊夹着烟盒，许久也没能拆开。记者伸手想帮他，他本能地侧身躲了一下，然后起身出了门，转眼又拿着拆开的烟盒进来……

而此刻，记者留意到，20根烟，整齐地排列在盒子里，显然是一盒新买的烟，而它的主人在让烟之前已将它拆开，似乎不愿意再让别人看到他用一只手操作的尴尬。

见记者不抽，王格现自己点了一根，猛吸几口，房间里顿时烟雾缭绕，他的人生也在这烟雾中朦胧呈现……

人生是天，我要用独臂承担

1969年，王格现出生在河南省濮阳市范县白衣阁乡甜水井村。白衣阁、甜水井，如此诗意的地名给人无尽的美好遐想，却没有给王格现诗意的人生起点。相反，一开始，他就注定比别人欠缺很多，因为他一出生就有一只残缺的手臂。

倔强的王格现自小就不服输，他觉得村里其他孩子能做的事，自己也一定能做到。家里的自行车从来都是禁止小格现碰的，怕他摔坏身体。他便趁父母不在家，苦苦地练习，不知摔了多少个跟头，被小伙伴捉弄了多少回，有一次甚至狠狠地撞上石碾子又翻了过去。终于，他能用一只手掌控自行车的方向，那年他 12 岁。透过父母惊喜的眼神，小格现似乎看到了自己的未来。毕竟，用自行车比步行要快，天地也更宽广……

身体的残缺没有给王格现带来学习上的影响，小学，初中，他以优异的成绩赢得老师和同学的赞许，并顺利考上了高中。高中三年，成绩依然优异，毕业时被评为全校唯一的市级三好学生。

咸菜馒头苦日子，王格现熬过来了，身体也熬坏了。高三下学期，就在迎接高考的当口，王格现患上了肠胃炎，怎么治都不管用。高考结束，王格现落榜，大学之门无情地关闭了。

复读是不可能的，母亲已经去世，家里经济条件达不到，他的身体也坚持不了。没有学上，从小就性格坚毅的王格现开始寻找其他机会。他有一个念头，用行动证明自己不是一个废人。

1988 年秋，经人介绍，王格现到河北邯郸一家水泥厂打工，做过磅员；1989 年，随着村里的副业队到濮阳柳屯砖窑厂打工，在切坯台蹬砖坯。两次打工，王格现一共积攒了 400 多块钱。钱，他没有交到家里，他要用这笔钱学习一门能让自己生存下去的技术。1989 年范县卫校招生，一直怀抱学医梦想的王格现跑去报名，得知需要 600 块钱，他无奈地放弃了。

“病急乱投医，一心想学东西，1989 年我参加了县文化馆的美术班，虽然不知道将来能做什么，但还是学得很刻苦。1990 年农历正月十五，我练习绘画到深夜 12 点多。第二天早晨估计是老病复发，上吐下泻，吃不成饭。那以后一个月，生活不能自理。一病半年，瘦得皮包骨头，走路一步三晃。父亲这次是完全对我丧失了信心，说啥也不让我再练什么画，让我到地里割割草、放放羊。在他看来，我这辈子依靠父兄过活得了，还想弄出啥名堂？我最难受的就是他对我的这个态度，不止一次地想一死了之。”一口气说了这么多，王格现又深深地吸了一口烟。

在家养病的王格现闲来无事，见邻居有几个孩子学习上遇到些难题，就把他们集中起来义务辅导。开始，村子里有人认为他是闲得精神出了毛病，岂不知，这是王格现接近教育、走上讲台最初的精神火种。

事业是天，我要用全力支撑

命运的河流总是在最狭窄处转弯。1990 年秋天，村里甜明小学的一位女教师要休一个月的产假，需要找一个代课老师，村里人自然而然地想起了高中毕业在家“教”孩子的王格现。

王格现满口答应。“有了登上真正讲台的机会，我很珍惜，我觉得这样自己的生命很有意义，上起课很投入，和孩子们很有感情，教学成绩也有所体现。”

一个月结束了，时任校长的陈培荣不让王格现走，和村委会协商，以每年500公斤小麦的报酬聘他继续做村小的老师。村民田来昌回忆：“一年后，格现教的班在毕业考试中，数学取得从来没有过的好成绩，村里的群众和村干部都特别认可他。”父亲也发话了：“好好干吧，除了教书，你还能干啥啊？”

1991年秋，根据上级安排，王格现调到城关镇西李庄小学任教。“虽说西李庄是城关镇的学校，但实际离城关镇很远，条件很艰苦。没有好路，阴雨天泥泞满地，晴了三五天还不能骑车。老师来了不到半年都会走，死活留不住人。”现在的城关镇中心校校长张瑞刚这样对记者描述当时的情形，“王格现就是在这样的情况下来的。当时觉得他应该能接受，他教学水平不错，也能吃苦。”

在王格现看来，能到西李庄教书也不赖，毕竟是乡里聘任的民办教师了，苦点累点不怕，关键有了证明自己的机会。

“教书的时候，总觉得有些问题，毕竟没有受过师范教育。1991年的时候，我到范县教师进修学校学习，并获得了教师专业合格证。”王格现正视自己的不足，在迈向专业教师的路上不曾停步。“1993年，我报了聊城师院中文系函授班，1996年拿到了专科文凭。学习一共花了1200元，当时一个月40多块钱，还要吃药，但觉得值。”王格现把他的专业进修简单地归纳为“瘪了口袋，富了脑袋”。

也就在开始大专进修的1993年，王格现这位年仅24岁的民办教师，被任命为西李庄小学校长。学生家长们大都对此抱怀疑的态度：年纪这么轻，教学还行，管理学校能行吗？

王格现上任后面临的现实是：西李庄地处偏僻，交通闭塞，经济落后。校舍破烂不堪，一个四合院险情严重，下雨天屋外大下、屋里小下，而且只有四间教室。学校每隔一年才招生一次，学生不到100人，还在不断流失。

针对这种困难的局面，王格现决定分两步走，振兴学校：首先提高教学质量，赢得声誉；然后，建一个新校园。

建新校的预算为10万多元，这不是个小数目。村里没有企业，要群众集资办学，村支书说“不好组织”。在不停地努力中，5年过去了。

1998年，全县进行学校危房改造，建设规范化小学，政策上每间房屋补助1000元，王格现清楚这对建校来说是个难得的机遇，一定要抓住！在县教育局、城关镇和中心校的支持下，王格现把大大小小的领导都请来，组织村干部开会，力陈建校是功在当代、利及千秋的好事，并暗示不建校只能眼睁睁地看着补助泡汤。终于，把群众的积极性调动起来了，村委会拍板了！

没有好地方，群众出义工把村东头六亩多的荒地深坑垫起；没有钱，群众踊跃集资。1998年6月，新学校落成！他们边办学，边完善，整个工程一直到2006年春节前才完工。2005年记者采访时看到的教室前剩余的大坑，如今已经填平，大门建起来了，厕所也有了。最令王格现欣慰的是，曾经不足百人的学校，目前学生已达到170人。

学生是天，成才是我的心愿

“学校硬件的改善需要一个过程，我就在软件上下工夫，先把教学质量搞上去。”当然，这是后来王格现接受采访时说的。第一次接受采访时，他说的是一定把学生教好，这样才对得起学生家长，对得起自己的良心。

王格现一直坚持吃药，肠胃炎和痔疮严重影响他的身体健康，但他一上讲台立即精神抖擞，仿佛进入了另外一个世界。

今年61岁的李金玉老师，和王格现吃、住、工作在同一个房间长达6年。他对记者说：“格现好学习，吃了饭就是读书，从来不闲逛。他经常睡得很晚，我就劝他：‘你身体不好，多休息一会儿吧。’他总是不吭声，继续备他的课，好像有使不完的劲儿。有时发烧了吃不下饭，但该上课时照常上课。”

“只要是为了学生，格现啥苦都能吃。”西李庄村委会主任田冬海说了件事儿，“1996年6月，天总是下雨，格现见教室漏水，怕影响孩子读书，自己冒雨去买塑料布。路上要经过一个大堤。你不知那堤有多陡。他用一只手推着车子上大堤，脚下一滑，连人带车子滚到堤下，脸都被车把捣破了。幸好遇到一个乡亲，帮他过了大堤。”

1997年11月中旬，全县组织中小学期中考试。按照规定，西李庄小学必须要到镇中心小学考试。当天早晨突降暴雨，为了不耽误学生考试，早上5点，王格现找来一辆拖拉机，让学生坐到车厢里，上面盖上塑料布，自己单手给司机撑伞挡雨。雨大，路滑，十几里路走了两个多小时，王格现全身都湿透了。当被雨水淋湿全身、嘴唇发紫的王格现准时出现在考场的时候，当时的中心校校长激动地抓住他的右手，摇了又摇。“这件事当时在全镇引起轰动，所有搞教育的人都看到了王格现同志的认真和踏实，这样的老师、这样的校长才是我们教育的希望啊！”范县城关镇原党委书记刘继元对记者说。

连村民秦怀应都记得，自1993年王格现担任毕业班的数学课以来，他所带班级的数学成绩多次名列全镇第一。“1996年，县一中准备在全县招收200名学生，格现有23名学生，多数不敢报名。后来，他给5名学生交了报名费，鼓励他们参加考试。结果，格现的这5名学生都被录取了，我们村里人脸上别提多光彩了！要知道，全县的考生有2500名啊！”

自小在苦水里泡大的王格现，对家庭困难的学生往往给予更多的关爱，这在村里是妇孺皆知。学生王文丽，父亲因病去世，她和弟弟依靠年迈的奶奶负债生活。当王格现去看望王文丽并拿出50元钱的时候，王文丽的奶奶哭着让孙女给老师跪下，因为她知道老师每个月也就拿70多块钱。懂事的王文丽学习用功，考上了高中，一直到现在，还和王老师保持着联系。

学生付章献成绩优秀，家庭贫困，几次准备退学，多亏王格现给他交上学费。为了给特困生付海伟、田建涛、付本文凑齐学费，王格现多次出钱资助，自己微薄的收入则所剩无几。

“乡亲们把孩子交到咱手上，就是一份信任。我就希望所有的学生都能成才，不半途而废。”王格现说，“2004年，我校又有3个孩子因为贫困面临失学，可我实在拿不出更多的钱了……”于是，他向全校师生发出为这3个学生捐款捐物的倡议，最终留住了这3个孩子。

西李庄小学门口向东50米处有一座桥，两侧都没有护栏。而这里是外村学生上下学的必经之路。2005年11月记者采访时，亲眼看到了过桥的危险。每次放学，王格现都和两位老师护送学生过桥，雨雪天更是倍加小心。风大雨急的时候，他干脆把外村的学生留在自己家吃饭。

家庭是天，我亏欠妻儿太多

王格现埋头苦干时，村里的人看到了他忙碌的身影，看到了孩子们的学习成绩在全镇名列前茅，却没有看出他内心的苦闷。直到1999年，已到而立之年的王格现还是个“光棍儿”。

“夜晚，除了备课，格现就是听听评书，看着都觉得孤单。我知道，他该寻个媳妇儿了。”曾跟王格现一同生活的李金玉老师说，“乡亲介绍的、连我介绍的约摸有六七个姑娘吧，见了面有的直说不愿意，有的不往下说，还是有点嫌弃啊！”

1999年，王格现的姑姑给他介绍了一个姑娘，比他小4岁。他委托姑姑转交给姑娘一封信。姑娘看了信后，决定到学校看看对方的情况，不曾想与到街上买东西的王格现相遇在道口桥上，缘分啊！

2000年3月，两人结婚，2001年，生下一男孩，取名王硕。他高中文化的妻子张兰菊解释说，硕是大的意思，希望孩子长得高高大大、健健康康。

提起那封颇具“杀伤力”的信件，张兰菊不好意思地说：“格现在里面谈的是自己的学生、自己的教学理想与学校的未来。我感觉他是个实诚人。”除了看信，她还托人到西李庄打听，十个人有九个说他啥都好，就一个人说他地里活干不好。这下，最看重人品的张兰菊心里彻底踏实了。

好是好，遇到这么一个把工作看得比天还大的男人，妻子还是免不了有些埋怨：“他不顾家，不是一般的不顾家，回家就是吃饭，碗一放，满脑子就是学生。”

虽说是埋怨，妻子说起来还是一种肯定的语气。“他就是欠我们娘俩可多，有次孩子被开水烫得厉害，我让他请假和我一起把孩子送到医院。人家说让我自己去，我是哭着抱孩子跑到医院的。他咋恁放不下学生呢？”

“家里有一个人的地，一亩半。远，家里大哥帮着，我有时去照管照管。他？你问问他去过地里几次？”

王格现坐在离妻子不远的小凳子上，听妻子说着，歉意地笑着看着她。“家，是妻子操持的，感觉亏欠她太多。要是没有她，我在学校也做不出成绩。”

王格现的家离学校1公里，他用一只手骑着自行车来回，危险，辛苦，因而个把月才回一趟家。结婚后，他干脆把家搬到了学校的一间小屋里。体贴贤淑的妻子、聪明可爱的儿子、亲手建起来的校舍、充满希望的学生，构成了王格现新家完整的天空。

教育是天，只为党旗更鲜艳

1996年，王格现主动向党组织靠拢。1998年12月31日，他光荣地加入了中国共产党。

“我一下子感觉自己不再是一个孤单的人了，组织给了我坚定的力量——父亲和亲人不曾给我的力量。我感觉做什么都有底气了，也有怕给这个身份抹黑的担忧。”王格现这样讲述自己当年入党的感受。

党旗下他立下誓言：献身教育事业，注重自身修养，加强学习，钻研业务。

来学校4年的同事王丽梅从心底认可这个残疾校长的誓言：“王校长是个不断追求进步的人，他在做代课老师的时候主动掏钱去进修，很多在编的老师都想法躲着不去；做民办教师的时候，他自学教育学知识，拿了专科文凭；现在做了校长，上次濮阳组织第一次新课改培训，校长跑过去了，学了回来跟我们研讨。他话不多，就是实干。”

2006年6月22日，范县举行全县学习型机关、学习型标兵表彰大会，王格现作为教育系统唯一的标兵给全县干部作了专题报告。县委书记赵茂辰高度赞扬他是用生命改变命运的人。

“作为一个残疾人，王格现能把工作做到这种程度；我们每个人都有必要反思一下：‘我做到了哪些？’”在2006年4月召开的全县教育系统“治庸”计划大会上，范县教育局局长谢宪立激动地问在座的300多名校长和主任。

“在2005年开展的保持共产党员先进性教育活动中，县里发文向王格现学习，组织了多场大型报告会。每次报告，王格现的演讲都让听众为之动容。他说出来的每一句话都掷地有声，没有半句虚假。”在范县教育局采访时，有同志这样评价王格现，“他在活动中成熟了，理论水平上去了，也成了保持共产党员先进性教育活动的受益者！”

如今，村民给王格现送的牌匾依然还在，毕业班成绩出来，家长还要到电视台给王校长点歌。王格现有个不大的木箱子，里面放着他获得的证书和奖章，有省残工委、省残联、省人事厅的自强模范纪念章，濮阳市“五一”劳动奖章、学习标兵奖杯等，放在一个角落里，很安静。

2006年5月31日，王格现当选为濮阳市党代会代表。6月29日，中国共产党建党85周年之际，他又参加了濮阳市优秀共产党员表彰大会。他将自己献身教育的誓言、情洒校园的奉献，化为党旗上一抹动人的红色。

从寒风瑟瑟的深秋，到烈日炎炎的盛夏，两次采访相隔半年有余，时间不算太长，但王格现的荣誉接踵而至。然而，记者眼前的王格现，还是那个王格现，那个用一只手撑起天空的热血男儿，那个用残缺的躯体赢得尊严、实现人生价值的共产党员。

采访中，中心校校长说了一句“回头把格现调到条件好点儿的学校”，被村民们听见了，他们的脸色变得惴惴不安。车启动了，一个村民终于忍不住跑过来说：“你们可不能把王校长调走，全村的群众都不会答应的！”我们都会心地笑了。

（原载2006年6月30日《教育时报》，作者：刘肖、代修鹏、齐献民）

王立群

从大学讲台到百家讲坛

2006年4月下旬，每天中午12点多，郑州十一中的王索彬老师吃过午饭便坐到电视机前。刚刚讲过《鸿门宴》一课，可她总感觉讲得不是很完美，碰巧发现中央电视台的《百家讲坛》节目正在播放《汉代风云人物之项羽》。主讲人渊博的知识和深入浅出的讲解深深吸引了她。从4月18日第一讲开始，她每天都准时守候在电视机旁。据王索彬老师介绍，自己注意上这个节目还是学生告诉她的，学生中迷上这个节目的也很多。

《汉代风云人物之项羽》的主讲人是河南大学文学院的王立群教授。

王立群，山东新泰人。1965年参加工作，教过小学、中学，1982年河南大学硕士研究生毕业后留校，至今已在河南大学执教近30年。现为河南大学国学研究所所长、河南大学文学院教授、中国古代文学学科带头人、中国古典文献学博士生导师。

温润之魅：《百家讲坛》尽显河南教师风采

王立群和《百家讲坛》的结识源于2005年12月。据该节目组策划解如光介绍，他们来河南大学挑选主讲人是为了扩大原有主讲人的队伍。河南大学是一所人文积淀很深厚的大学，尤其在当前学术氛围浮躁的时代，这里的老师却仍在潜心搞学术研究和教学，很多老师都拥有深厚的学术功底，这是吸引节目组来到河南大学的主要原因。

王立群虽然是文学院重点推荐的两位教师之一，但他当时正在北京师范大学参加学术研讨会。身在北京的王教授接到学校通知后，连夜从北京往回赶，

24日凌晨赶到学校，顾不上休息就和节目组见面，并录了像。

2006年1月初，王教授接到了《百家讲坛》的正式通知，1月16日开始录制《汉代风云人物之项羽》系列讲座。

随后，王立群教授3次奔赴《百家讲坛》节目组，录制完成了《汉代风云人物之项羽》的9集节目，并在栏目内审片时获得了非常高的评价。在这9集节目中，他主要探讨了项羽失败的政治原因、军事原因，并最终挖掘了项羽失败的性格因素。他说："我认为项羽也是一位悲剧人物，他的悲剧主要是性格悲剧。他在政治、军事上犯下的诸多错误，归根结底是由其性格所致。这些教训对于我们现代生活也具有很强的借鉴意义。"王教授深入浅出、引人深思的讲座吸引了全国众多的电视观众。

解如光说，王老师原本拥有深厚的学术功底，再加上他的逻辑性很严密，讲课时也注意运用适合大众口味的方法，所以反响很好。一位观众在网上写道：这段时间能吸引我的电视节目很少，最近看到了河南大学王立群教授讲解项羽的故事，从他的言语中得到许多共鸣。在收看王教授讲座的电视观众中，还有他带的硕士和博士研究生们。他们带着思考的眼光观看了每一集，并及时和王教授交流看法。

《百家讲坛》的宗旨是架起一座让专家通向百姓的桥梁，普及中国传统文化。谈到学术研究和普及传统文化的关系时，王教授说，像我们这样长期在高校执教的教师，被人们称之为"学院派"。"学院派"研究者的主业是学术研究，关在书房里静静地做研究工作是一种奉献，也是学术繁荣的基础。我一直敬佩在书房中默默工作的同行们，而我走进《百家讲坛》之前也是静静地在书房里度过了几十年的沉寂生活，非常习惯这种书斋生活。在别人看来，默默无闻进行研究是枯燥无味的，其实它也充满了乐趣。特别是个人的研究有了创造性的成果时，这种愉快是旁人很难理解的。其实，"学院派"中有许多优秀的研究者，他们既有研究能力，又有公众演讲能力；他们参加文化普及是非常有条件的，也是义不容辞的。

王立群把讲课视为艺术，同时又将课堂移到《百家讲坛》，并以他独到的授课艺术让课堂走进寻常百姓的生活，尽显了河南大学教师的神韵，更为河南教育争了光、添了彩。2008年，在《南方人物周刊》举办的年度"中国魅力50人"评选中，王立群教授被评为具有"温润之魅"的学者。

百年育人，可见师德之重要。王立群育人无数，从高中骨干教师、青年进修教师，到教授本科生、硕士生、博士生、博士后，他一直践行"因材施教"的理念，完美地将教学理念与课本知识融会于每一堂课。他长期坚持面向本科生、研究生开设专业课程，积极进行教学内容与教学方法的改革，努力探寻课堂教学新模式。面对层次稍低的学生，他深入浅出，洋洋洒洒；而对研究生则是一语中的，独到深刻。他深知教学是一项极其艰苦、极需认真的实践活动，每一节课都来不得半点马虎。因此，广泛地查阅资料、严谨地设计教案、生动地传授知识成为他“三点一线”的生活习惯。百川入海，水到渠成，日复一日的努力最终赢得了学生的青睐，学生中间流传着“王师超群”的说法，其多年来的课堂教学评价也均为优秀。

因材施教：“王师超群”影响学生无数

王立群曾经教过的一位学生在自己的博客中这样回忆：那时，王老师给我们的形体印象很模糊，难忘的倒是他严谨的治学态度。王老师的课讲得很细密，很翔实，我喜欢这样的课。大三时我们有机会再次聆听王老师的课（“南北朝山水游记”选修课）。选修课是自由课，有的老师课上只有几个学生，但王老师的课堂却堂堂爆满（有很多旁听的）。王老师有个不改的习惯，就是每节课开始前总是要点名（名单是选修的正式名单），两次不到，就予以除名。因此，当我们听到那声字正腔圆的“除名”时，心里面都禁不住肃然起敬。“除名”这个细节，是王老师留给我的最深刻的印象。

另一位曾经听过王立群辅导的自学考试课程的学生回忆道：看到荧屏上谈笑风生、妙语连珠的王立群先生，我不禁回想起当年在原郑州纺专某教室内聆听他讲课的情景。那时候，我参加工作不久，前途未卜，处于苦闷和彷徨的时期。业余时间我报考自学考试，学的是汉语言文学专业，在纺院的老干部辅导站上课。“中国古代文学作品选”即将开考之际，辅导站的老师十分欣喜地告诉大家：我们马上要请来河南大学的王立群来给大家做最后的辅导了！让人感觉是机会非常难得、令人兴奋。我当时想，不就是请一个教授划划重点、过过课文吗，又能怎样？没想到，自从见到王立群教授，领略到他讲课的风采，我就被深深吸引，真是相见恨晚。

讲课时，王立群先生基本不看课本，看来这些书本他早已烂熟于心。所谓是真名士自风流，他随意地坐着，侃侃而谈，娓娓道来，使你跟着他迅速融入到古人的世界里。他喜欢用一个历史故事引入课文内容，看似在扯闲篇，其实这些典故都与要学要记的东西息息相关。他没有学者的架子，也不卖弄学识，那些精彩的讲述完全是满腹经纶的自然流露，有时候讲到得意处，他也会联系现实，针砭时弊，但往往寥寥数语让人觉得一针见血，入木三分。

最近几年来，王立群教授指导硕士生18人，有8人毕业后进入北京大学、复旦大学、浙江大学、中国社会科学院攻读博士。指导博士研究生8人、博士后5人，这些学生已经成长为各自单位的教学与科研骨干力量。

教研结合："只有科研才能使课堂变得深刻"

没有研究的课堂是肤浅的，没有课堂的研究是残缺的——这是王立群的教育理念。王立群说："对一个大学老师而言，只讲别人的看法，没有自己的观点是一种耻辱。只有科研才能使课堂变得深刻。"因此，他教学科研双管齐下，教研相长，硕果累累。

王立群的《文选》研究、《史记》研究和山水游记研究在本专业领域有突出的成就，在同行学者中享有很高的声誉，他的研究成果代表了这三个领域的前沿水平。他的《中国古代山水游记研究》是国内第一部山水游记的通史著作，一些重要观点已被吸收编入大学中文通用教材；他的《现代文选学史》、《文选成书研究》、《文选版本、注释综合研究》则代表了目前《文选》研究的最新水平。

王立群主持完成国家社会科学基金项目一项，承担全国高校古籍整理项目、河南省教育厅教学改革重点项目、河南大学重点项目各一项。出版专业学术研究专著五部、编著大学专业教材两部、学术随笔一部、《王立群读史记》系列普及性读物五部。近年来发表高水平学术论文30多篇，涉及文学、史学、哲学等领域，其中在《文学评论》《文学遗产》《文献》《中国典籍与文化论丛》等权威期刊上发表论文15篇。

王立群多次荣获河南省社科优秀成果奖、河南省教育厅社科优秀成果奖、河南大学优秀科研成果奖、河南省社科联社会科学优秀成果奖。目前担任中国《史记》研究会顾问、中国《文选》学会副会长、河南省华夏文化研究会会长、河南大学国学研究所所长。

王立群始终认为教学与研究是一件事物的两个方面，教研相长，不可分割。研究是体，教学是用。体用结合，体用一致，才能使教学呈现良性循环。只有在国内学术界获得重要一席，才能在课堂上讲出高水平的课程。这是他的教研理念，也是他的教研实践。

王立群将教学与研究做得相得益彰，将做人与育人巧妙融合，深受广大师生的好评和尊敬，也因此受到了诸多表彰：2006 年被评为河南省十大教育年度人物、河南省十佳师德标兵、河南省第二届高等学校教学名师；2008 年被评为第二届河南十大教育新闻人物、河南省名誉优秀专家；2009 年被评为河南省劳动模范、国家第五届高等学校教学名师奖。

（原载 2011 年 4 月 26 日《教育时报》，作者：刘润涛、张利军）

朱慧洁

因爱而美丽

2009年年末，一个喜讯从河北围场传来：在第六届全国中小学教师演讲比赛中，河南选送的两位选手同时荣获一等奖！其中，朱慧洁的获奖尤其让人惊喜——这位年近五旬的女教师，形象不是那么的青春靓丽，普通话也不是那么的字正腔圆，怎么就能从全市、到全省、再到全国一路高歌，连获三个一等奖呢？征服所有评委和观众的，恐怕就是她那谁都无法不为之打动的对教育、对学生的一腔痴爱吧。

在省教育厅对朱慧洁的通报表彰发出后不久，2010年年初的一天，记者来到了禹州市第二高级中学（简称禹州二高）。礼堂里，朱慧洁正在和学生一起排练根据她的获奖演讲《祖国，我为你坚守到底》而编排的节目。滴水成冰的冬日，听着朱老师声情并茂的倾诉，记者不禁再次被她吸引、被她打动、被她点燃——

漫漫28年中，只是迷恋于那一方教室、三尺讲台，执著耕耘在这小小的田园里，不去向往住房的舒适和生活的富贵。在校园那间破陋的小屋中，在清贫的日子里，坚守着对您的信仰与忠诚，为您千秋万代的事业，默默奉献着青春和才智。

——朱慧洁

时间回溯到30年前的1980年，朱慧洁还是许昌师专中文系一名大二学生。当年秋天，她和6名同学一起到襄城县姜庄公社一所高中实习。刚刚登上三尺讲台的她，有些新奇，也有些兴奋：我这就是要当老师了吗？我能当好一名老师吗？我会把老师一直当下去吗？

一个月的实习期很快就结束了，离开那天，朱慧洁怎么也不会想到，绵绵的秋雨中，全班学生踏着泥浆路赶到住处为她送行。学生们用攒下的零用钱给她买了一个大穿衣镜，又把一个个写着赠言的日记本塞到她的手中。

朱慧洁哭了。这个19岁的普通女孩，第一次感受到了生活的价值，感受了三尺讲台的意义："一个曾经的'丑小鸭'，在一群学生眼里变成了'白天鹅'；一个卑微普通的人，在讲台上变得光彩夺目，还有什么比这更让我珍视的呢?"

口才极佳的朱慧洁，原本计划毕业后找机会做律师。这一个月的实习经历，彻底改变了她的人生坐标，她从此决意要在讲台上站一辈子!

1982年夏天，朱慧洁毕业了。此时的中国刚从十年浩劫中走出不久，百废待兴，人才奇缺，教育岗位更是迫切需要新教师的加入。她没有一丝犹豫，平静地收拾好行李，回到了母校禹州二高（当时为禹县城关高中）任教。

由于工作需要，学中文的朱慧洁成了一名历史老师。尽管文史不分家，但毕竟是完全不同的两个科目。教一科，爱一科；钻研一科，精通一科，才能不误人子弟。出于职业的责任感，在1987年取得华中师范大学的汉语言文学本科文凭后，朱慧洁1990年又取得了北京师范大学的历史学本科文凭。这样，她教起学生来更加游刃有余。目前任禹州二高办公室副主任的王新灿，20世纪80年代中期曾经是朱慧洁的学生，至今提起来还是佩服不已："朱老师像是有特异功能似的，一节课她居然能从头到尾不看一眼教案！历史事件多、时间杂，不好记，她就自己编歌谣把这些串起来，学起来效率特别高。"

"我深信，凭我的能力和智慧，完全可以捞到足够的财富，让自己告别清贫走向富裕。但，我不敢放弃您让我守护的那方知识的海和那些在海边嬉戏的孩子。因为，我懂得，他们都是您无形的财富，决定着您现在的富足、未来的昌盛和万世的生生不息。"朱慧洁向祖国母亲倾诉的这段心声，让人一次次为之感动。她开始教学生涯时，正值改革开放初期，商海波涛汹涌，流金泛银，不少人经不住诱惑，下海去捞起"第一桶金"。同样的诱惑摆在朱慧洁面前，她没有为之动摇。将近30年的从教过程中，也有一些从政的机会，朱慧洁都断然放弃了，为了对学生的爱，为了对祖国的承诺。

朱慧洁的信念和选择，影响着一批又一批学生。如今担任禹州二高三年级主任的黄宏钧，1982年考上高中，正好遇到刚毕业的朱慧洁。朱慧洁对工作完全的投入、对学生无私的爱，以及在讲台上焕发的无限光彩，时时感染着他。"我也要成为像朱老师那样的人!"正是这样的信念，让黄宏钧选择了以教育为事业。1998年，黄宏钧从一所初中调进了禹州二高，又回到了朱慧洁身旁，又能经常得到老师的教诲。黄宏钧说这是他人生的幸福之一。

王新灿老师对此有着同样的感受。每当信念动摇时，他就会想起朱老师的话：“如果有才华的人都走了，那么谁来教育我们的孩子？谁来为我们国家的未来负责？”他还想到：“老师还在坚守，我怎么能逃跑呢？”

不免清苦，不免劳累，然而，我无憾！因为我面对的就是一个溢满了青春的世界，我的每一个学生都是一个青春的故事、一支青春的歌、一首青春的诗。当我用爱心拥抱他们的时候，我便拥有了青春的永恒，我的心再也不会老去！

——朱慧洁

到禹州二高后，朱慧洁的宿舍就是操场旁的一间小屋。屋子内还长了一棵树，一到下雨天，外面下大雨，屋内下小雨。夜晚，还有成群的老鼠在屋顶上跳舞。就在这样简陋的小屋内，朱慧洁一住就是 20 多年。这里，成了学生欢聚的地方，被孩子们称为“温暖心灵的小屋”。到后来，有的学生干脆和朱慧洁住在一起，就是希望能够时刻聆听老师的教诲。床越加越多，一间小屋居然挤了四张床。这间小屋如同朱老师生活的缩影，始终充满着年轻人的欢声笑语。

健康、做人、学习，从当上老师的第一天起，朱慧洁就这样排定三者的次序。“无论分数高低，所有的学生都同样需要老师的欣赏和爱。我只想让我的学生感受到信任、尊重和幸福。”朱慧洁这样对记者说。

多年来，朱慧洁总是主动要求当“代培班”的班主任。班里几个调皮的学生爱唱歌，她就鼓励他们组成班级乐队，让其中最爱打架的学生领唱。有个学生一天到晚坐在教室里学习，可就是底子差，学习成绩不理想。朱慧洁当着全班同学的面表扬说，这种执著的精神会让他“将来一定大有作为”。她把成绩好的学生和成绩差的学生安排坐在一起，并告诉他们，与其为分数的高低耿耿于怀，不如获得彼此真诚的友谊……黄宏钧说：朱老师对学生实施的就是素质教育！

有一届学生由于种种原因，面临着合班，部分学生情绪很大，甚至产生了退学的念头。当朱慧洁了解到学生的心理状态后，一夜无眠，给每个学生写了一封信。当学生收到朱老师的信时，被深深打动，最终没有一个学生退学，而且在朱老师的鼓励下，班里 90% 的学生都考上了大学。

罗会军，一个瘦瘦矮矮的农村孩子，有一天找到朱老师，嗫嚅着说要退学。问他原因，他不说。朱老师说：“你不说，我就不让你走。”望着老师诚挚的眼神，罗会军终于说了，在吃饭的时候总被别的学校的学生敲诈，他很害怕，就想回家躲着。了解到事情的真相，朱慧洁火冒三丈：“没出息！他这一敲诈你就逃避，你能逃避到什么时候？你应该去战胜他！”在朱老师的激励下，罗会军不仅战胜了当时的怯弱，并把这股勇气延续到此后的人生中。目前已经拥有上千万资产的罗会军，对员工们说得最多的就是，面对任何困难，都要勇敢地去面对，只有面对，才能解决；只有解决，才能成功。说完他还会特意加上一句：这是我高中的朱老师教我的。

1999 年夏天的一个深夜，一名女生从校外的大桥上跳了下去。虽然被人救起，但腿骨骨折。不管家人怎样劝说，女生就是不接受治疗。逼急了，女生说：“除非朱老师来，我才去医院。”要知道，朱慧洁并不是她的任课老师，只是曾经为她做过一次心理疏导，因为她的家族有精神病病史。家人没有办法，只好联系朱慧洁。朱老师闻讯匆忙赶来，塞给该女生 2000 元钱，并把她送进医院。她知道，这位女生不接受治疗的主要原因，就是担心家里负担不起医药费。结果由于医生的疏忽大意，固定腿部的一个钢板没有到位，手术后还是不能走路，朱老师又带着这位女生去了郑州，到河南省人民医院就诊。当主治大夫了解到眼前的这位一脸关切、难掩焦急的中年女性不是孩子的母亲而是孩子的老师时，非常感动，当即表示为孩子提供最好的医疗救治，并且不收一分医药费。

学生田京超家境贫寒，父亲去世，无钱下葬。朱老师得知情况后，号召全班同学为他捐款捐物，使其父亲能及时入土为安。

学生小胡在体检时被查出心脏病。担心耽误治疗时机，并不担任班主任的朱慧洁当即把他送到医院，并垫上了医疗费。

有个女生怀孕了，不敢对家人说，是朱慧洁带着她去医院做流产。朱老师当时没有责备她，而是借机教育她如何保护自己、如何尊重生命。

2006 年 6 月，朱慧洁接到一个早年毕业学生的电话，他爱人临产，特别紧张，就想让朱老师陪着去医院。此时的朱慧洁也已怀孕 9 个月，肚子大得连车都上不去，只好走着往医院赶。结果那个产妇没什么事，朱慧洁却被折腾得在次日凌晨生产，比预产期整整提前了两个星期。

因为经常陪学生去看病，附近医院里的医生几乎都认识朱慧洁。有医生说：“应该让记者到医院里也采访采访，朱老师对学生的好，我们也能说出好多来。”

尽管我明白，在默默无闻的人生中，我已注定永远清贫，但我内心始终洋溢着满足的感觉，因为我的学生已经用辉煌的成功，将我平凡的生命点缀得灿烂无比。因为我的学生一直都在用温暖的关注，将我淡泊的岁月全都变成了丰美的回忆。

——朱慧洁

学生、同事、领导、家人，对记者讲述了太多朱慧洁对学生的爱。而朱老师对记者谈得最多的，却是学生给予她的爱。这种足以令人陶醉的爱，的确不是每个站过讲台的人都曾享受过的。

只要是节日，学生们都要和朱慧洁一起度过：情人节，学生邀请她到咖啡屋体会浪漫与温馨；母亲节，学生为她送上一大束康乃馨，让她在还没做母亲的时候心中同样充满幸福和甜蜜；即使六一儿童节，学生也会送她各种各样好玩的礼物，因为在学生眼里，朱老师永远有一颗童心；更不要说每年的春节了，成群结队来拜年的学生，让朱老师的年有着浓浓的团圆气氛……

说到生日，朱慧洁有些激动。对于她的生日，学生比她自己记得还清楚。“记得有一次我生日，凌晨4点就有学生开始敲我的门。他们是争着第一个来为我祝福。当跑完早操，我刚走进教室，里面的灯全部熄灭了，每个学生手里捧着一支点燃的蜡烛，齐声为我唱生日歌。黑板上画满了各式各样的花，花中写着——‘慧洁，生日快乐！’”回忆起当时的情景，朱老师脸上漾起的幸福的涟漪，任谁看了，都会被打动。

朱慧洁迟迟地没有结婚。不是没有人追求她，而是她担心自己去谈恋爱，会分去一部分对学生的爱，这让她无法接受。有人说她是在跟全班的学生谈恋爱，对此说法，朱老师颇为认同。她说她真的不曾感到孤单、寂寞，每天从早到晚都在与她爱的学生和爱她的学生共涉知识的海洋，分享生命的神奇，如此充实、如此丰富、如此快乐、如此幸福，她说她那时真的没感到有与某一个人恋爱、结婚的需要。

直到42岁那年，朱慧洁终于走入了婚姻的殿堂。对此，她既没有准备，也没有信心。最终，还是学生以爱为动力，为她的人生掀开了新的一页。面对记者，朱慧洁依然津津乐道的是，婚车、婚纱、婚宴……婚礼上的每一个细节都是学生考虑的，可以说整个婚礼都是学生操办的，就像一群长大了的兄弟为大姐送嫁。多年以来老师给予的爱，学生们无以回报，能为老师做一些具体的事情，对他们来说就是一种幸福。而且听说那天请来的4位司机不仅没要租车费，还给朱老师送了贺礼。

2009 年 11 月，马上要参加全国中小学教师演讲比赛了，朱老师却没有为自己专门准备登台的衣服。又是她的学生听说了，不乐意了："连身像样的衣服都没有，让人家看着以为咱河南没美女了。"学生陪着她去商场，为她买来了一套合身的衣服。"就是这件。"朱老师指着身上的衣服让记者看，"600 多块钱一件啊，要是我自己，肯定舍不得买。"比赛在河北进行，朱慧洁中途要在北京停留，学生罗会军听说了，主动提出来把自己的宝马车留在北京供老师使用。

听说一向默默无闻的朱慧洁在全国的演讲比赛中获得一等奖，她的从一二十岁到四五十岁年龄不一的学生的反应却惊人的一致，他们一点都不感到意外："光凭朱老师对学生的这份爱，她要不得一等奖，就没人能得一等奖！""朱老师永远是最美的，因为朱老师对学生的爱最博大、最无私……"

因为有爱，所以快乐。

因为快乐，所以坚守。

因为坚守，所以动人。

因为动人，所以美丽。

还是让我们用朱慧洁老师的演讲来结束这篇报道吧——

假如真的有来世，而我还有幸世世做您的儿女，祖国，我亲爱的母亲，那么，请您答应，让我在所有的轮回中都做老师吧！——在那些报我以芬芳、报我以希望、报我以收获、报我以慰藉的桃李中，为您的富足，也为我的快乐，我会在讲台上坚守到底！

（原载 2010 年 2 月 23 日《教育时报》，作者：刘肖、葛艳如、贾朋）

陈春生

孩子是小草，我就是春风

“李校长，我感到非常抱歉，因为这不争气的身体，我又得请假了……我知道学校调整不出人来代我的课，但我实在不忍心耽误学生。李校长，你看这样行不行？让我的妻子为我代一段课，她也是中专生。如果教学上有什么问题，你和老师们给她多加指导，我回校后再补补课。”

“你母亲不是还在郑州住院吗？你妻子怎么能离开呢？”

“已经让我妹妹去郑州伺候母亲了，就让妻子先替我尽几天责任吧！”在济源市梨林镇南官庄小学李体义校长的博客上，记者发现了这段电话记录。

打电话的就是陈春生，南官庄小学数学教研组组长、五（甲）班班主任、学校纵横码小组辅导员、学校博客管理员。

“如果孩子是树，那我就是太阳，缕缕阳光伴随孩子的成长；如果孩子是小草，那我就是春风，暖暖细风使孩子们的生命得以绽放。”正如陈春生所说的，他用自己温暖着学生。参加工作 30 年，陈春生做了 30 年班主任。他常把自己的学生比做千姿百态的花朵，他细心观察、精心呵护每一朵小花，挽救了一个个孩子。

有个学生叫卢松，经常打架，学习一塌糊涂。有一次，卢松在学校举行的乒乓球比赛中得了第一名，陈春生就抓住时机多次进行了表扬。后来卢松变了，慢慢成了班里的好学生。陈春生还坚持爱心教育，由于班里的留守儿童比较多，他在班里开展了“爱心大行动”，每周选出一名“爱心天使”，提出了“生活上关心，情感上关怀，学习上帮扶，行为上监督”的口号。在班集体这个舞台上锻炼学生的能力，增长学生的才干，挖掘学生的潜能，让学生发现新的自我。

“2007 年学校想申请一个博客，当时找到了陈老师，没想到陈老师很爽快就答应了。后来才知道当时他对博客也不太了解。那一段时间，他上网查资料，到初中请教微机老师，晚上经常在打印室工作到凌晨。困了，他就在室内走几圈；饿了，就去啃个馒头。老师们都说他走火入魔了。”李校长告诉记者。

现在陈春生不仅把学校博客建成了济源市的优秀博客，同时还申请了“南官庄嫩芽文学社”学生博客和个人博客。如今，陈春生个人博客上已经发文 160 多篇，该校教师博客发稿量每个月都在百篇以上。

陈春生是一个不服输、善于学习的人。为了辅导学生参加全国纵横码大赛，他买来纵横码练习书籍，自己先学，再边学边教。每天晚上，他和学生经常练到 10 点钟，把学生送回去后他自己再琢磨、练习，直到深夜。一分耕耘，一分收获。在全省纵横码比赛中，他带领的 6 名学生均获平原组一等奖。之后为了代表河南参加全国比赛，陈春生和他的学生们一个暑假没有休息，最终夺取了纵横码看图作文小学高年级组全国第一名和纵横码输入二、三等奖。这对一所只有 3 台电脑、没有专业教师的农村学校来说，简直就是一个奇迹。

30 年来，陈春生的心里装的总是学校和学生，总是一名教师的使命和责任，而他单单忘却了自己，在学校他超负荷地运转着。2009 年 11 月 14 日，在学校领导和同事们的反复规劝下，他才到医院检查，被确诊为急性胰腺炎。即使住进了医院，他仍然牵挂着自己的学生。病情稍有好转，他就给学校打来电话：“我不想让大家为我分心，也不想麻烦大家，学生正在复习阶段，我的课谁代，我的班级……要把心思放在他们身上啊！”

新的学期开始了，当陈春生老师踌躇满志准备工作时，却又开始发烧了。他再一次走进了医院，与此同时，他的母亲在郑州被诊断出得了癌症，这才有了前面的那段通话内容。

燃烧自己，照亮教育的整个天空，这就是一个普通乡村教师的人生写真。在陈春生身上，我们看到的是人民教师的人格操守，看到的是为人师表的坚实脚步。

（原载 2010 年 3 月 30 日《教育时报》，作者：刘栋军、段济宁）

李光国

拄着拐杖送学生回家

在信阳市平桥区肖王乡新店村，只要提及李光国，没有人不知道。“李光国可是俺村的大好人，教了一辈子书，也照顾娃儿一辈子。娃儿放他那儿我们放心！”见到记者，村民们争先恐后地说。

2010年3月28日，当记者赶到新店小学的时候，李光国正在上课。透过陈旧的窗户，李光国拄着拐杖给学生上课的身影给记者留下了深刻的印象。虽然在外人看来，一切都是那么不方便，可是，李光国挪动身体在黑板上板书、声情并茂地拿起剪纸和卡片给孩子们作示范、在讲台上授课的一板一眼，让人丝毫看不出他与普通教师有什么不同。

据新店小学校长王大国介绍，李光国从小因病右腿残疾。虽然他家与学校相隔两公里远，路途中大多还是曲折崎岖的山路，可是教书这么多年，不论刮风下雨，李光国从没有迟到过。

李光国1978年开始从教。那时的通讯不像现在这样发达，很多时候孩子生病或者出点小意外，一时半会儿根本联系不上家长。1978年的秋天，一位名叫高清海的学生和伙伴玩闹的过程中，不小心把脚扭伤了。李光国二话没说就将高清海送到诊所。等上完药包扎完以后，李光国又将高清海送回家。当得知这一情况时，家长感动得说不出话来，说啥也要留李光国在家吃饭。“其实，这点小事儿根本就算不了什么。孩子没事儿就好！天黑了，我得赶紧回家，要不然老母亲又得在山头上等我了！”说完，李光国拄着拐杖消失在夜色中。

回到家，细心的李光国开始回想所教学生的一些状况。整个肖王乡各村之间南北距离比较远，学生住得也比较分散。最远的学生要走一个多小时的山路才能到达学校。随着近几年外出务工人员的增多，孩子大都由爷爷、奶奶来照顾。自从高清海的事情发生以后，每天放学后李光国总是放心不下学生。因为学生来校的路上要经过一两个池塘，所以每当早晨和中午没课的时候，李光国就早早地站在学生必经之地的最高处，看着孩子上学、回家，以防孩子们玩水。有课的时候，李光国就跟着打黄旗的“路队长”，督促孩子们走在路的右边，小心路上的车。而对于无人来接或者是年纪太小的孩子，李光国就会亲自护送他们回家。

“晴天还好，就怕下雨天。”李光国说。肖王乡地处丘陵地带，道路坎坷不平，多半还是坑坑洼洼的山路。如果是遇到了狂风暴雨和大雪，对于六七岁的孩子来说更是行走艰难。滚水坝是新店小学到姚湾的必经之地，坝宽约 18 米，两边分别是一个大池塘和 5 米多深的倒水池。每逢下雨池塘里的水就会漫过堤坝，等到天快晴的时候就会长满青苔。由于腿脚不灵便，李光国常常在这里摔倒。李光国说，他摔倒了可以再起来，可是孩子们小啊，真怕他们摔着、磕着。2006 年，为了方便接送学生，李光国用省吃俭用的钱买了一辆残疾人专用的助力三轮车，在两年多的时间里，义务接送学生上百余次。

李光国的善举也感动了善良的母亲。为了方便儿子接送学生，母亲特意找人在学校附近盖了两间小瓦房，和儿子一起搬过去住。天气不好的时候，李光国总会让母亲多做些饭菜，让那些离家远或者没人接的孩子到自己家里来吃饭。李光国说他不能看见孩子挨饿，那样心里会过意不去。在家吃饭的时候，看见孩子的衣服扣子掉了，李光国会及时缝上；孩子的头发乱了，李光国会帮孩子梳好；孩子的鞋子湿了，李光国会给孩子脱下来，用火将鞋烤干。很多家长都说，李光国是爱护学生的好老师，也是学生的好保姆。然而，李光国却说：“这一切都应该归功于我的母亲！正是因为母亲的照顾和支持才有我的现在。”

如今，李光国的两个孩子，一个在上职业技术学院，一个在上初中。沉重的经济压力有时候会将他压得透不过气来。为了两个孩子，李光国也曾想早点退休做点小生意，帮助两个孩子完成学业。然而，每当到了学校，看到可爱的学生，李光国就会打消这个念头。任教已经 33 年了，李光国说他都已经习惯了，精神上的充实是多少钱都买不到的。

（原载 2010 年 4 月 2 日《教育时报》，作者：任素影）

黄国丽

给天使缝补翅膀的人

她已经步入不惑之年，竟被孩子们说成只有30多岁；她相貌平平，却被孩子们描述得像一朵花；她被学生昵称为“胖大海”，说她的胸怀像大海一样宽广……2010年4月22日，在唐河县源潭镇举行的该县师德标兵报告团巡回演讲会上，她的激情演讲不时赢得在场教师的热烈掌声。这是一位有着什么样“魔力”的教师呢？让学生热爱敬仰，让同事钦佩赞扬，就连病魔也在她面前望而却步。

在演讲会结束后，记者见到了她——唐河县星江中学教师黄国丽。胖胖的身材，爽朗的笑声，乐天的性格，给人以阳光般的温暖。

1988年，21岁的黄国丽从当时的南阳师范高等专科学校毕业后，被分配到唐河县城关镇第二初中任教。当年，怀揣着一纸大专文凭是非常荣光的一件事，改行不教书也是比较容易的。可黄国丽却固守着学生时代的梦想，做了一名语文教师。1997年，她调入新建的星江中学任教至今。

“黄国丽以真诚博大的爱、阳光般的心态，去爱学生、爱职业、爱教育，在她身上突出体现了卢展工书记所提出的‘三平精神’。”星江中学校长王湘平介绍说。对待工作，黄国丽满腔赤诚。2007年被推选为星江中学第一届首席教师，2008年被评为南阳市师德先进个人，2009年荣获南阳市五一劳动奖章。

2005年夏天，黄国丽已做过3次手术的乳腺病进一步恶化。为了工作，黄国丽强忍伤痛，利用暑假到郑州做了第4次手术。新学期，黄国丽拖着虚弱的身体走进一（2）班。让她始料不及的是，孩子们的欢呼声包围了她。“也许是来之前王校长对我进行了‘大肆’渲染吧！孩子们对我这个‘千呼万唤始出来’的语文老师充满了期待！”说到这里，黄国丽忍不住微笑起来，好像完全忘了所经历过的苦痛。

看到那一双双渴求的目光、一张张专注的面容，黄国丽心中不由得一阵悸动。上课时，她和学生之间真情互动，变着花样让他们既学到知识，又找到自信；下课了，她与学生谈心、交流、沟通，关注每一个孩子。“我给他们买书，为他们订报，听他们唱歌，带他们春游……丈夫和医生看到我的变化，唏嘘不已：你终于翻过这道坎儿了！”

“孩子们把我当成他们的亲人，我也把他们看成是我的孩子。”黄国丽是这样说，也是这样做的。星江中学地处县城边缘，农村的孩子居多，特别是父母在外打工的孩子更多。有个叫罗伟（化名）的胖女孩，父母离异，她和妹妹跟着爷爷奶奶生活。刚开学的时候，她衣衫不整，蓬头垢面，同学们都不愿和她做同桌。黄国丽试着说服她把脸洗干净、衣服穿整齐，谁知刚一摸她那乱蓬蓬的头发，她便像小刺猬一样，瞪着惊恐的眼睛看着黄国丽。为了消除她的戒心，黄国丽笑着说：“哈哈，总算有人和我做伴了！咱俩都这么胖，以后一块减肥，行吗?”罗伟的嘴角慢慢露出了笑容。从那以后，黄国丽走进了罗伟的生活，也走进了她的心灵。黄国丽在罗伟的日记中这样写道：孩子，如果你愿意，就叫我“妈妈”吧！谁知“妈妈”这个称呼不胫而走，最后，黄国丽成了全班公认的“妈妈”！

2008年，黄国丽做了她一生中的第5次手术。“这个手术之后，我越发热爱教师这个职业了！因为，当我在病房里抖出装满一塑料袋的信笺时，当看到上一届送走的学生挤满整个病房的时候，一种职业的幸福感、一种事业的成就感油然而生——谁能说，病房里的幸福不是幸福?”这是黄国丽日记里的一段话。

出院后的第三天，当接到学生马真真带着哭腔的电话，诉说对她的思念的时候，黄国丽便毫不犹豫地回到孩子们中间。“分别了10多天，还真有点想这群虽有些调皮捣蛋却有情有义的孩子。”黄国丽说。从一学期前接这个号称“最差班”的班级到现在，黄国丽和他们“斗智斗勇”，对他们“软硬兼施”，终于使他们养成了良好的学习习惯，同时也培养了深厚的师生感情。

虽然大病了一场，黄国丽的心态却更加平和了。“孩子们对我的挚爱是对我最好的回报。有人说：老师就是给天使缝补翅膀的人。乍一听，我很诧异，再一想，我很惭愧。原来我一直都没发现，围绕在我身边的竟是一群天使！然而，我又是幸运的，和这群天使般的孩子生活、学习在一起，让我的心志更加清澈纯净。是的，我们不像科学家那样享誉全球，不像艺术家那样让作品流芳百世，但是，当我们看到桃李满天下、用心血培育的学生成为社会栋梁时，我们付出的爱就得到了回报，我们就会欣慰地感到，自己是世界上最幸福的人。”

（原载2010年4月27日《教育时报》，作者：孙俭、尚连云）

赵小红

无声世界里 跳跃着爱的音符

“赵老师，把孩子交给你我们放心。你不仅是孩子的老师，也是孩子的‘妈妈’!”几位聋哑学生的家长拉着赵小红的手说。在濮阳市特殊教育学校，提起赵小红，孩子们个个伸出大拇指，并用食指在嘴巴前比划着，告诉我们赵小红是他们的“老师妈妈”。

赵小红是濮阳市特殊教育学校的一位普通教师，担任杂技教学。自1993年4月踏进特殊教育学校的那一刻起，赵小红就被这群残疾孩子震撼了：孩子们看到她激动地欢呼起来，那种欢呼发自内心深处，表达着他们对赵小红老师的欢迎。那一双双透着欢欣、激动与期待的眼睛，让赵小红喜欢上了这些不幸的孩子，同时她给自己立下了“倾己所能，呵护聋童”的无声誓言。为了这句誓言，赵小红多次放弃去其他单位的机会，留下来和这群聋哑孩子在一起，用自己全部的爱给他们带来知识与欢乐。

托尔斯泰说过：如果教师只爱自己的专业，他可能成为一个会教书的教师；如果教师既爱专业又爱学生，那么他将是一个完美的教师。赵小红时常用心去体会这句名言。她认为，如果一名教师既爱专业又爱学生，那他就是一个追求完美的人。

多年来，赵小红心里时刻装着学生、想着学生，把满腔的爱化成甘甜的雨露、和煦的阳光、温暖的春风，洒向每位聋哑孩子的心田。学校自2006年确立“打造艺术特色教育，为残疾学生终身发展奠基”的办学目标后，开设了杂技班，调来有着丰富舞蹈教学经验的赵小红任教。担任聋哑学生的杂技教学是一项很艰巨的任务，其训练十分艰苦，节假日都不能间断。但赵小红没有任何怨言，毅然担任了杂技教学及班主任工作。她始终坚持早来晚走，从没有休过节假日。当别人举家游玩或团聚时，她却时常陪伴在聋哑孩子身边，一遍遍地问寒问暖，一遍遍地做着示范动作。

有个叫李向勇的学生，家境贫寒，性格孤僻，成绩落后。李向勇的父亲是肢残，几乎丧失了全部劳动力；妈妈和一个年幼的妹妹都是聋哑人。得知这个情况后，赵小红就特别关注这名学生，不让他在生活上受半点委屈，不让他在学习上落下一丁点功课。赵小红经常在节假日带李向勇回家，给他买吃的穿的，把他当自己的儿女一样看待。李向勇年龄较大，在学习杂技时显得有些笨拙。赵小红就时常给他加“小餐”，在陪他散步的间隙辅导杂技基本动作。在赵小红老师的特别关注下，李向勇的成绩上去了，性格也逐渐开朗了起来。

2009 年 12 月的一个雨雪天，学生刘雪茹练功时不小心崴了脚。赵小红不顾自己因腰椎间盘突出带来的疼痛和天寒路滑，背起刘雪茹就跑向医院。在得知刘雪茹没有伤到骨头时，赵小红一颗悬着的心才落了地。为了减少刘雪茹的疼痛，赵小红每天都背着她上下楼，每天都给她用盐水揉搓，帮她买饭洗衣服。像这样的事，在赵小红身上太平常了。赵小红就是用这样的爱浇灌着聋哑学生，就是用这样的爱打动着每一位学生和家长。也只有这样的爱才会让学生家长说出前面那些肺腑之言。

有付出，就有回报；有耕耘，就有收获。赵小红辅导的学生苏小雪以优异的成绩入选了以邰丽华为团长的中国残疾人艺术团，并参加了央视春晚中《千手观音》的演出。另外，她所辅导的杂技节目在濮阳市“校园之春”文艺汇演中受到社会各界及兄弟学校的好评。今年，学生将组团赴韩国参加演出。在成功的背后，赵小红不知吃了多少苦、受了多少累，但她心里十分欣慰，因为这些苦和累，换来了学校艺术特色教育的大发展，使杂技教学真正成为了学校的一个亮点、一个品牌。

以勤为本，把精彩留给学生；无怨无悔，献身特教事业。在这个无声的世界里，赵小红用她博大的爱心和辛勤的汗水，默默地耕耘着希望、收获着快乐。

（原载 2010 年 4 月 30 日《教育时报》，作者：刘艳霞、王东钦）

杜聪明

我就是撇不下这些山里娃

2010年五一节前，杜聪明被三门峡市总工会、市教育局评为第二届“感动崤函·十佳人民满意教师”，并被授予“三门峡市五一劳动奖章”。2010年5月5日下午，记者在渑池县仁村乡南坻坞小学见到了杜聪明。他头发花白，穿着朴素，不善言谈，让人感觉他和当地村民没什么不同。然而在断断续续的交谈中，记者慢慢走进他的内心深处，不由得平添一份深深的感动。

今年59岁的杜聪明1968年参加工作后，被安排在渑池县仁村乡西部最偏远的深山小学——东风沟小学任教。学校其实就是座破庙，教室屋檐残缺不全，几块土台搭上木板或石碑算是课桌；教室的角落支张床、放张桌，就算是办公室兼卧室了。为改变教学环境，1971年春，杜聪明利用假日带领学生砍木椽、捋荆条、挖草药，一年就创收了800多元。加上乡教办的资助，他们翻修了教室，新砌了围墙，打制了12套桌凳，还盖了一间办公室。

当时当地的教师多是到农户家吃派饭。学校三面环山，一面临河。学校距农户家远的有两三公里，盛夏酷暑，湿透衣衫；三九寒天，冷风刺骨。晚饭后返校时更要格外谨慎，否则就可能掉下悬崖。每逢暴雨，杜聪明只能困守“孤岛”，自己想办法吃饭。

教学质量是学校的生命线。刚参加工作时，杜聪明年仅16岁，而学生中最大的已经14岁了，学生基础参差不齐。由于人手少、班级数多，杜聪明复式班累计教了36年，其中多以三、四年级复式为主。这样从早到晚，他忙得就像个陀螺。为搞好教学，他注意及时总结，将个人的教学心得体会归纳整理。经过不懈努力，一所不起眼的深山小学教学质量很快进入全县先进行列。1990年春，当学生获悉杜聪明要调到仁村乡杨家门小学的消息后，教室里先是鸦雀无声，而后大些的孩子开始低声抽泣。杜聪明也禁不住热泪盈眶……

在条件同样艰苦的杨家门小学，教师更换频繁，学生基础很差。为大打质量翻身仗，杜聪明常常一个月都难得回家一趟，而是义务为学生补课。很快，学校就有了起色。村民议论说："办学几十年，今天才迎来了一位好老师！"

1996 年春，因撤点并校，杜聪明被调到地处浅山区的北坻坞小学任教。学校离家只有 1 公里，但他每天的早饭多由老伴送来，为的是不被家务纠缠而影响教学。

2005 年，杜聪明所在的学校配备了相应的电教设备。可教师全都年逾五旬，连开机都不会操作。为充分利用好这一宝贵的资源，"零基础"的杜聪明主动当起了"小学生"。一般人都觉得电教教材枯燥，杜聪明却在书上批批划划，红笔蓝线交相辉映，天头地脚密密麻麻。一次，看到儿媳有本多媒体课件制作培训教程，他如获至宝。电教书中多有一些英语词汇，杜聪明就坚持多本对照，相互印证，然后按图索骥，对照操作，学会一样就记录下来。几年下来，笔记本竟有 10 本之多，全是心得体会。

功夫不负有心人。杜聪明学会了用电脑进行文字处理、绘图、电子表格制作，也能够上网查资料，下载文字、图片，发送电子邮件等。他不仅能顺利完成卫星接收任务，还把学到的电脑知识应用到教学中。

杜聪明说他现在最大的梦想是电子白板进课堂，让农村孩子享受到和城里孩子同等的优质教育。尽管目前农村小学根本达不到电子白板进课堂的条件，但他时刻准备着，有朝一日实现自己的梦想！2009 年春，作为年龄最大的学员，他参加了全县"多媒体课件制作"培训。最近，他又在自学 CAI 课件制作方法。

过去，由于生活所迫，杜聪明学会了编织、木工、裁剪、缝纫等多种技艺，但他从来没有想过把这些当做自己的职业。亲戚朋友都劝他："改行吧，凭你那技艺，无论干哪一样，都比当教师强。"可杜聪明从没有动摇过。他从教 42 年来一直在山区学校任教。"几十年来，我已和大山结下了不解之缘。我就是撇不下这些山里娃！"杜聪明说，"咱做教师，一定要把学生教好，这样才对得起教师这个职业。"

（原载 2010 年 5 月 11 日《教育时报》，作者：杨仲勋、张泳新、彭枫岩）

马　宇

呵护每一个孩子的心灵

2010年五一节期间，商丘市第一实验小学六（3）班班主任马宇收到了一位学生家长发来的短信。短信中，学生家长讲述了孩子的可喜变化，并向马宇表示感谢。

事情是这样的：班里的一名男生在作文中向马宇道出了自己的心声。他说自己现在对老师抵触、与同学敌对、对生活厌倦，尤其想到周一要上学，就更加烦躁。马宇心里充满了内疚。她耐心开导那名男生："谢谢你对老师的信任，把心里话告诉老师。老师知道这样做对你来说很不容易，敞开心扉需要勇气。"那名男生的眼圈很快就红了。马宇怕把气氛弄得过于凝重，便笑着说："男人哭吧哭吧不是罪，哭完跟老师好好发泄发泄。"这句话如同一道命令，那名男生顿时泪如雨下，酣畅又委屈地哭了。在马宇的鼓励下，那名男生说出了积压在心底的话。原来，那名男生性格偏执，喜欢钻牛角尖，致使他的人际关系一塌糊涂，自己也很痛苦。家长虽多次引导但收效甚微。于是，马宇和其他同学约定：用班集体的宽容和友爱感化那名男生，让他成为一个乐观、阳光的人。不久之后，那名男生的思维方式和情绪有了明显改观，越来越阳光。

22年的工作历练，使马宇看上去干练、成熟。从1999年起，马宇一直从事毕业班的语文教学工作并担任寄宿班的班主任。她常说自己身兼数职：既教书又当"大管家"，和学生是师生也是朋友，只要学生需要摇身就可变来。马宇说她喜欢和学生待在一起，做学生的知心朋友，因为孩子在家里都是宝贝，班级就是聚宝盆。她常想：忙些累些算不了什么，可得对这些孩子负责任！

从踏上讲台的那天起，马宇就要求当班主任。她经常以女性特有的细心和耐心，细致地了解每个教育对象，认真观察每个孩子，从他们的眼神、动作和语言中读懂他们，了解他们的喜怒哀乐，为他们排忧解难。她利用学生的周记了解学生的思想。这样既练习了学生的写作能力，又在师生之间架起了一座沟通的桥梁。渐渐地，孩子们深深爱上了知心朋友般的班主任。马宇的班主任工作方法灵活、得当。待到时机成熟，她总是让学生进行自我管理，把更多的锻炼机会留给学生，同时也培养学生的责任感、荣誉感，增强学生的集体凝聚力和对个体的约束力。她把一些具体事务分派下去，让每名学生都有机会为集体服务。学生就在这种和谐的氛围下主动学习、真诚待人、笑对生活。

人的一生谁能没有逆境，谁能不遭受挫折。马宇根据小学生身心发展和教育的需要，在班上适当地实施挫折教育，有意识地让学生“吃点苦”，鼓励他们在困难和压力面前保持乐观的情绪，引导学生养成乐于尝试、勇于克服困难、敢于经受挫折的好习惯。

有一天晚上，马宇下班刚回到家就接到电话：班里一个孩子上楼时摔倒了，下巴碰出了一道口子，需要缝针。马宇一听就急了，她担心学生的伤势。同时，她也知道：那孩子虽然是个男孩儿，但有时候比女孩儿还要脆弱，真不知道受伤后他会是个什么状态。出乎意料的是，在医院那孩子特别坚强，下巴上的伤张着口，见到马宇居然说：“马老师，不疼！”马宇明白孩子心里有一个信念，要战胜自己的脆弱，要让自己成为一个真正的男子汉。他也做到了：从消毒到包扎，没有表现出一点畏惧。第二天，马宇表扬了那名学生，其他学生也深受感染。

付出就有回报。马宇得到了师生的爱戴和社会的认可：2005 年，她被评为商丘市“师德标兵”并在全市巡回演讲，同年被评为河南省“师德先进个人”、河南省“优秀少先队辅导员”。2008 年，她成为河南省首届名师、河南省优秀班主任。

有追求的生活是充满希望的，充满希望的生活是幸福的。马宇就是这样在希望中品味着幸福。她始终认为，一位健康、平和、博学、时尚、热情、幸福的教师形象，就是一股强大的教育力量。它会让每一个学生在耳濡目染之中，去找寻自己生活的希望，并学会享受收获的喜悦。

（原载 2010 年 5 月 14 日《教育时报》，作者：李卫东）

张晓晖

爱，以母亲的名义

2010年母亲节前夕的5月7日，一项以“母亲”命名的征文活动在河南大学外语学院学术报告厅举行颁奖仪式。获奖的大学生来了，“妈妈评审团”的老师来了，义务做评委的作家、编辑来了。有心声，有泪水。爱，在感动中传递、交融。

人们来自不同的方向，但都是冲着一个人来的。他，叫张晓晖，河南大学外语学院德语教师，“母亲助学金”的创建者。

年仅28岁的小张老师不是河南人，老家在江苏盐城。2004年，他从天津外国语大学毕业，专业是德语。一年之后，他来到河南大学外语学院任教。作为一名本科毕业生，能在这所百年老校执教，张晓晖对河南大学的知遇之恩始终心怀感激，对自己的学生关怀备至。“尽管他只做过一年辅导员，可他给予学生特别是贫困学生的关爱，一点儿都不比其他人少。”外语学院党委副书记吕英建对记者感慨，“这样的青年教师，如今在高校里不多见啊!”

尽管张晓晖家境并不富裕，可是来到河南后他才发现，原来贫困大学生竟然这么多，其贫困的程度竟然如此严重。一天上午，张晓晖发现有个男生没来上课，下课后便去探个究竟。男生在宿舍躺着，他说没钱吃饭，躺着会感觉不那么饿。还有一名女生，父亲得了癌症，坚决不接受治疗，说要把钱留下来给孩子上学用。小张老师的心再次被刺痛：做家长的这样说，会让子女背上一辈子的心债无法偿还。他取了500元钱给女生：“有什么困难来找老师，我们一起想办法!”

不能眼睁睁地看着自己的学生在贫困面前束手无策！张晓晖萌生了一个念头：号召网友成立一个助学金，共同帮助这些急需帮助的学生。作为教师，他觉得自己有这样的责任。让小张老师惊喜的是，他的倡议迅即得到众多网友的响应。他把自己的银行账户在博客里公布，作为助学金的账户，把自己的博客（http：//blog. sina. com. cn/yjun）作为与捐助者交流的平台。

为助学金命名时，一则社会新闻触动了张晓晖：某明星因为被资助学生没有及时写信汇报学习情况，便以其不懂得感恩为由中断对其的资助。张晓晖说，多数贫困生极其脆弱自卑又极其敏感自尊，他们不是不懂得感恩，而因胆怯妨碍了与别人的沟通。经过斟酌，张晓晖决定以“母亲”来命名他的助学金：“天下最伟大的爱是母爱，而母爱是不求回报的。我只是想帮助那些困难的学生，以母亲的名义给他们爱和力量……”

“母亲助学金”的第一笔捐款就来自张晓晖本人，他捐了1000元，而他当时还处于实习期，工资仅有780元。没多久，就有8位网友先后共捐出2500元。张晓晖把这首批3500元助学金分别送到7名贫困生的手中，助学之路从此启程。3年多的时间里，张晓晖从未停下传播爱心的行程，资助的范围也从贫困大学生逐渐扩大到贫困中学生、小学生。为此，他还多次带着学生走进南召山区的小学，给那里的孩子送去书籍和文具。

“贫困有两种，一种是物质上的，一种是精神上的。精神上的贫困才是真正的贫困。”基于这种思路，张晓晖在资助贫困生时不是一给钱就了事，还以不同的方式鼓励他们好好生活、对未来抱有信心。山区受到资助的孩子经常给张晓晖写信，汇报学习情况，倾诉小小心事。无论多忙，张晓晖有信必回。他深知，对于这些孩子，自己的信不仅是鼓励，还是一种精神的寄托。

张晓晖把募集的每一分钱都用在了贫困生身上，买书、车票、打印费等都由他来承担。今年母亲节，张晓晖没有给妈妈买礼物，而是拿出1000元钱，以母亲的名义资助了5名小学生。他说他的善良是从母亲那里继承的，他觉得自己的善举就是给母亲最好的礼物。而举办母亲节征文，也是想让学生们感恩母爱，并把从母亲那里得到的无私的爱，传递给周围需要爱的滋润和支撑的人们。

截至记者发稿，“母亲助学金”共募集善款67176元，帮助贫困大学生91人次、中学生34人次、小学生77人次。张晓晖对记者说，他曾经觉得有些惭愧，与一些名流动辄百万千万的捐赠相比，自己的力量实在太小了。可他现在不这么想了，爱的海洋靠涓涓细流汇聚而成，用自己的爱去一点点地影响他人来关注并帮助贫困生，就会让更多的学生更快地远离贫困。而在校园里得到资助的学生，走上社会有了能力后，一定会将爱心和善举无限地传递开去。

（原载2010年5月18日《教育时报》，作者：刘肖）

张锦文

爱教育，说到做到

有这么一位老师，每天走 8 公里山路去教书，25 年走了近 6 万公里，相当于绕地球一圈半。他的课堂有种神奇的力量，让孩子们体验到了学习的快乐。他爱生如子，不管什么样的孩子只要送到他那里，都会变个样，许多家长带着孩子慕名而来……他就是辉县市拍石头乡中心小学教师张锦文。

拍石头乡中心小学位于太行山深处，在半山腰，面积不大却干净整洁，在这里记者见到了张锦文。黑黑瘦瘦的他，显得很精干，透着一种山里人的精气神儿。

记者看到，张锦文脚上穿的是一双皮鞋。他笑着说，前些年在寨洼小学时，穿皮鞋简直就是梦想。家在山上，学校在山下，路非常难走，基本是悬崖峭壁和羊肠小道。赶上下雨天，他还要背孩子们上下山。爬山只能穿家人做的“蹬倒山”（千层底鞋），张锦文一个月至少需要一双鞋，25 年下来他穿烂了 350 双鞋。刚当教师时，月工资才 6 块钱，为了省钱，他到附近军营买 5 毛钱一双的旧军鞋穿。吃饭更是饥一顿饱一顿、热一顿冷一顿的，生活相当艰苦，他的心脏病和胃病，就是那个时候落下的。

把每一个孩子培养成才，让每一个孩子都能走出大山，要用知识改变孩子们的命运！直到现在，张锦文还坚定不移地坚持着自己的信念。多年的坚守，换来的是桃李满天下。人口不足 300 的寨洼村，大学生、研究生就有 30 多名。

走进拍石头乡，只要提起张锦文，所有他教过的学生和学生的家长都会竖起大拇指称赞，所有家长都盼望他能教自己的孩子。

“一个好的教师对待自己的学生，无论在学习上还是在生活上，都要像对待自己的孩子一样，只有这样学生才会喜欢你，你在学生心中的形象才会高大，家长也能肯定你。”这是张锦文网上个人空间里的一句话。在实际工作和生活中，作为省级文明教师的他也是这么做的。

目前，在张锦文家里，住着三个来自卫辉、淇县、新乡的学生王宇、余龙龙和赵浩然。王宇和余龙龙是家长慕名带孩子而来。赵浩然父母离异，父亲在外打工，没有人管，11 岁才上一年级。看他可怜，张锦文便收留了他。

每到周末，张锦文就把他们带回十几公里外的家里，免费吃住。夫妻俩给他们洗头、洗脚、理发、洗衣服、洗床单，辅导他们做功课。

王宇学习不好，爱打架，有时还上网，家长管不了便送给了张锦文。张锦文却不急于补课，而是先从生活上关心和照顾王宇。张锦文与妻子商定，晚上看电视只看新闻，其余时间用来看书。看书时，张锦文会把书上的内容讲给妻子听。王宇在旁边听得津津有味时，就会坐到老师的跟前。老师不看书时，他便主动拿起书来看。时间长了，他佩服起张老师来：老师你懂得太多了，怪不得两个孩子都上了大学。没有任何说教，王宇爱学习了。

张锦文在家干活从不指挥王宇，但要求他必须跟着，让他感受做什么事都不容易，体会老师对他的爱。张锦文白天干活再累，晚上也要辅导他学习。没过多久，王宇说："没想到老师在家里什么活都干，在家里像农民，在学校像老师，我得向老师学习。"王宇现在不光爱学习，还爱劳动，提水、烧火，有时还做饭呢。这种被张锦文叫做"不教而教、不学而学"的教育方法，就是他处处在给孩子做榜样。

品质教育取决于我们和孩子的关系，品质特征无法通过语言传输，必须通过行动传达。"说得好，不如做得好"是张锦文的口头禅。他说自己不会讲大道理，也没有什么远大的抱负，只有行动。既然选择了教育，就要爱它，说到做到。

（原载 2010 年 5 月 25 日《教育时报》，作者：张红梅）

孙春霞

孩子的认可就是幸福

首次见到孙春霞，是2010年5月底的一个阳光灿烂的下午。漯河市经济开发区河东王小学整洁而干净的校园里，孙春霞静静地站着，如同校园里的那颗玉兰树，内秀而又文气。1978年出生的她，如今已经是河东王小学的业务副校长、漯河市的十佳师德标兵、河南省优秀教师。“其实，我最喜欢的就是和孩子们在一起。”孙春霞说。

1997年，刚刚师范毕业的孙春霞来到了河东王小学。看着简陋的教室，望着土气的孩子，走在满是尘土的校园里，那时的孙春霞不会想到，十几年之后，她会把这个学校当成自己的家。

对于这个刚刚分来的大学生，当时的老校长陈奎英像得了宝贝一样，第一年就让孙春霞担任班主任。“一开始我感觉管理学生比教学要累得多。”孙春霞感慨地说。谈起当年，她非常感激那些老教师。一开始，因为管理学生时受了委屈，孙春霞曾跑到校门外大哭一场。老教师们看在眼里，急在心上。于是，孙春霞发现，在以后的一些日子里，老教师们经常主动找到她，说是在教学和管理过程中遇到了一些问题，想找她一起探讨一下。“后来我慢慢地发现，这些老教师是通过这种方式教给我管理学生的技巧和他们的教学经验。学校派给我的辅导老师刘老师，更是手把手地教给我与学生沟通的技巧。”孙春霞说。

有了老教师无私的帮助，孙春霞在不到一年的时间里就适应了学校的教育教学生活，并且琢磨出了一套和孩子们交往的技巧，用一句话说就是“要和他们交朋友”。这句话说起来容易做起来难。小孩子虽然很听老师的话，但总对老师有一种敬畏感，见到了老师往往不敢说心里话。孙春霞就坚持和孩子们一起活动、一起游戏。孙春霞还记得，打开她所带第一届孩子心扉的是一次班级晚会。为了组织晚会，孩子们很用心，而孙春霞不仅为他们出谋划策，还和孩子们一起爬高上低地布置教室。晚会前，看着漂亮的教室，孩子们笑了，而和他们一样为布置教室弄得灰头土脸的孙春霞也成了他们无话不谈的大姐姐。“只要用心去爱，坚持和他们在一起，时间长了，他们一定会把你当成朋友的。”

几年工作下来，在教学中孙春霞做出了一些成绩，一些调到市区学校的机会也出现在了她的面前，孙春霞也曾为之心动。而一次意想不到的小事情则让她决定坚持在这所乡村小学继续干下去。那是2002年10月的一天，孙春霞结婚了。结婚的当天，她请了假，并请一位老师帮她代课。谁知道结婚的当天中午，班里的几个孩子来到了婚礼现场。孙春霞很惊讶，问他们是怎么知道的，孩子们诺诺地没有回答。孙春霞安排孩子们吃饭，他们没吃就走了。然而，不太在意的孙春霞晚上在洞房里又意外地见到了这几个孩子。他们怯怯地问孙春霞：“老师，你是不是要走了，不教我们了。”孙春霞惊讶地一再保证没有这回事儿，孩子们这才高高兴兴地走了。等到周一孙春霞才知道，帮她代课的老师告诉学生：今天孙老师走了。在当地的方言里，把一个女孩子出嫁说成是“走了”，这才有了这场误会。孙春霞一走进教室，学生们就给予了她热烈的掌声。站在讲台上，孙春霞哭了：“孩子们，老师不走。”

9年来，孙春霞一直牢记她对孩子的这个承诺。如今的她，已经真正把学校当成了自己的家，把学生当成了自己的孩子和小朋友。每天，孙春霞总要抽时间和学生聊天或和学生家长沟通。而已经毕业了的学生，在学习和生活中遇到了什么问题，也总会写信或打电话找孙老师聊一聊。孙春霞说：“能得到孩子们的认可，就是我最大的幸福。”

如今，除了每周要教的20多节课，已经当了业务副校长的孙春霞还要操心学校整体的教育教学工作，虽然很累，但也很充实。站在整洁干净的校园里，她有一股自豪感油然而生：“这校园里的一草一木都是我和学校的老师们一起种的，校园也是我们亲手改造布置的。我们的校园漂亮吧。”孙春霞得意地笑了。

（原载2010年6月8日《教育时报》，作者：王磊、郭俊峰）

韩秀梅

比亲妈还亲的“代理妈妈”

“留守儿童需要关爱，留守儿童的代理家长更加需要关注，使他们与孩子之间实现‘无代沟’的亲情沟通。”2010年6月1日，第六次全国少代会在北京召开，我省20多名少代会代表参会，这个话题在大会上特别是在河南代表团中引起较强的共鸣。提出这个话题的是我省唯一基层教师代表、郸城县秋渠乡中心小学教师韩秀梅。近日，我们走进秋渠乡中心小学，见到了而立之年的韩秀梅，一位和蔼、热情的青年女教师。一谈起教育、孩子，她就一脸的骄傲、一脸灿烂的笑。

“1996年刚从师范毕业，受社会大环境的影响，我们当中的很多人以脱离教师队伍从政为荣。我也不例外。”韩秀梅对自己当初的观点毫不隐讳，“可有一件事彻底改变了我的错误认识。一天下午，我正在班里辅导学生，一位农妇模样的中年女人气喘吁吁地站在教室门口，神情焦急，手里拿着一本语文书，还打着手势。显然，她是来找学生的。这时，班里一位男同学站起来说：‘韩老师，她是我妈，来给我送书的……’这时，我才知道，这个学生的母亲是个聋哑人。我正准备继续讲课，突然，这位母亲握住了我的手，又是打手势，又是鞠躬。男同学赶紧解释说：‘她的意思是谢谢您，老师！’母亲连连点头，会心地笑了。霎时间，我感觉到自己的责任重大，看到几十双求知若渴的眼睛和那位无法用言语表达的母亲的深深一躬、会心一笑，我暗下决心：把我的一生托付给教育。”

“真正良好的教育，存在于无言的感动之中，而最能使人心灵产生震撼的，是那无私博大的爱。爱是教育的源泉。”韩秀梅对学生几乎倾尽了自己所有的爱。

有一段时间，学生李小辉经常迟到，上课爱走神，学习成绩持续下降，性格也变得孤僻了。后经家访才知道，小辉爸爸得了脑瘤，正在周口动手术，他经常在亲戚家里吃饭，家庭作业不能按时完成，还整天心神不定。韩秀梅看在眼里、急在心里，想力所能及地帮助这个可怜的孩子。当年，她刚结婚不久，一个月只有240元工资，自己要吃饭，孩子还要喝奶粉，可她仍然坚持自己省一点，多接济小辉一点，3块、5块、10块……给小辉买文具、衣服，还把他领回家中，给他洗澡、洗衣服，利用星期天、节假日帮他补课。在韩秀梅的帮助下，小辉话逐渐多了，性格开朗了许多，上课能积极主动回答问题了，学习成绩也突飞猛进。

在14年的从教生涯里，韩秀梅资助的学生有很多，学生李言的一番话或许具有代表性："韩老师心里总是装着别人，唯独没有她自己。"

翻开韩秀梅的日记本，扉页记满了名字和日期：韩丽莎，6月30日；张珍，3月12日；赵亚，5月8日……这些孩子都是留守儿童，后面的日期是他们的生日。韩秀梅现在所带的这个班50名学生中有32名留守儿童，父母都在外打工，他们普遍缺乏父爱母爱，心里孤独寂寞，有委屈找不到倾诉对象，存在极大的教育及安全隐患。在全县开展的关爱留守儿童活动中，韩秀梅主动担任了这些孩子的代理家长，做起了孩子们的"代理妈妈"。学生韩丽莎，父母外出打工，家里只有她和一个上七年级的姐姐互相照顾。姐姐生病后，小丽莎既要上学，又要照顾姐姐。韩秀梅得知后，把自己刚满六个月的女儿交给了公婆，不顾女儿的哭喊声，深夜为小丽莎的姐姐抓药、煎药。她还把自己的电话号码告诉全班同学，如果学生病了或者生活中遇到什么困难，她总是孩子们求助的第一个对象。她把留守儿童的生日都记在笔记本的第一页，哪个学生的生日到了，她第一时间把祝福送给孩子们。到了冬天，她在上每一节课之前，都要环视班内每一位学生，看到谁穿得单薄，总会弯下腰问"冷不冷"。提起韩老师，小丽莎一脸感动："韩老师比俺亲妈待我还亲。"

"世上只有妈妈好，有妈的孩子像块宝，投进妈妈的怀抱，幸福享不了。"当我们走出秋渠乡中心小学时，稚气的歌声飘满了整个校园。

（原载2010年6月22日《教育时报》，作者：张本宝、刘学源）

刘金凤

老师，我想抱抱您！

2010年7月8日上午，记者如约来到安阳特殊教育学校，采访全国优秀教师、安阳市中小学师德标兵、安阳市十大教育新闻人物刘金凤。天气闷热难耐，而经过一夜雨水浸润，校园里有几分凉意。39岁的刘金凤爽朗、善谈、真诚，在一个多小时的采访中，回忆起了与学生交往时的一幕幕场景，她时而像个孩子似的放声大笑，时而感动得热泪盈眶。

19年前，刘金凤毕业于南京特殊教育师范学校。在刘金凤刚刚踏上工作岗位时，一位学生家长给她讲了这样一个真实的故事：春节时他们一家出去玩，游玩的人们都沉浸在民间艺术的欢乐中，可7岁的孩子听不见声音又挤不进去，急得用手直打自己的耳朵和嘴巴。看着孩子那满脸的泪水和无声的嘶喊，家长清楚地知道孩子是多么想听到声音、多么想说话呀！但是家长只能抱着孩子失声痛哭……孩子那发自肺腑的对声音的渴求、家长那让人触目惊心的无奈，在刚刚走上特教讲台的刘金凤的心中产生了巨大的震撼，更使她对特殊教育事业有了更深的理解和追求。刘金凤说："特殊教育事业是太阳底下最光辉的事业，更是一项充满人道主义精神、充满爱心和奉献的事业。既然我选择了特殊教育这一神圣职业，就有责任和义务为这些特殊的孩子撑起一片蓝天。"

1997年的一天早晨，身怀六甲的刘金凤刚到学校，一名学生急匆匆地跑过来用手语对她说："老师，晶晶在厕所里哭呢！"她急忙赶到厕所，看到晶晶因大便干结而憋得满脸通红，汗水、泪水不住地往下流。此时的刘金凤顾不上多想什么，吃力地蹲下身子，用手指帮她抠。一会儿，晶晶的脸上露出了轻松的微笑，用手语向老师表达感谢。看着孩子的笑脸，挺着大肚子的刘金凤虽然胸闷气短却如释重负。后来晶晶的家长得知此事后，拉着刘金凤的手感激地说："刘老师，谢谢您。遇到您是孩子一辈子的福气呀！"

在一次晨会上，细心的刘金凤发现学生小丽闷闷不乐，就走上前去一探究竟。小丽虽然嘴上说没事，但眼泪不禁夺眶而出。下课后，刘金凤把小丽叫到办公室询问情况。小丽哭着比画："星期天奶奶和妈妈吵架了，昨天奶奶和妈妈都没有吃饭，我担心她们还继续吵架。"弄清楚了事情的原委，刘金凤赶紧和小丽的家人联系，很快帮她解决了家庭矛盾。得知这个消息后，小丽的脸上洋溢着灿烂的笑容。刘金凤说："那天下课后，我正要走出教室门，小姑娘跑过来用手语对我说：'老师，谢谢您。您真像我的妈妈，我想抱抱您！'我微笑着张开双臂，孩子扑进我的怀里，我们紧紧地拥抱着。孩子哭了，我也哭了。"讲到这里，刘金凤的眼里满含泪水。

在学校举行的一次冬季长跑比赛中，班里的王三妮同学刚跑到终点，忽然手脚发软昏倒了。刘金凤赶紧搭车把王三妮送到医院，生怕这个远离父母的孩子有个什么闪失。时间一分一秒地过去了，可三妮始终处于昏迷状态，一时又与她的家长联系不上，急得刘金凤不停地问医生："孩子怎么样了，她究竟什么时候能醒过来？"当时已经是晚上 8 点多了，又恰逢刘金凤的爱人到外地出差，幼儿园的老师一遍又一遍地打电话催她去接女儿。年幼的女儿也在电话那头哭着喊着："妈妈，你怎么还不来接我？我要回家！"听到女儿的哭喊，刘金凤更是心急如焚。这时，女儿需要妈妈，但是病重的学生更需要她这个"妈妈"。在焦急地守候中几个小时过去了，直到晚上 10 点多三妮终于睁开了眼睛。听医生说三妮已经脱离了危险，刘金凤悬着的心才放下……刘金凤急匆匆地赶到幼儿园时，女儿扑进她怀里哭着喊着："妈妈，你不要我了吗？"抱着满脸泪水的女儿，她愧疚的泪水不住地往下流。刘金凤说："有人说，爱自己的孩子是人，爱别人的孩子是神！我虽然不是神，但在与这些孩子的朝夕相处中，他们的喜怒哀乐都成了我生活的一部分，我对他们有了牵挂、有了思念，这种爱慢慢地升华成了一种母爱。"

"刘老师，在特殊教育学校工作了这么多年，你不觉得苦和累吗？"记者问。"与这些孩子接触多了、生活久了，便会产生一种难以割舍的爱，一种永远丢不开、放不下的情。明知道苦，也晓得累，知道辛苦一生，学生大都会普普通通，可能永远感受不到桃李满天下的快乐，甚至不会有人那么清晰地叫一声'老师'。但就是有一种无形的力量促使我默默前行，那就是——爱。爱，可以演化为一种智慧、一种力量、一种勃勃生机。有了爱，教育才有说不完的美丽故事。虽然这里的世界无声无彩，但我会用心去构筑一个特殊的有情有爱的人生。"刘金凤动情地说。

（原载 2010 年 7 月 13 日《教育时报》，作者：陈伟民）

王建平

信箱背后的“天使教师”

因开设“心灵之约”信箱，邓州市穰东镇第一初中的王建平被孩子们称为“天使老师”。2010年秋季开学前，当记者见到王建平时，她正在整理近期收到的学生来信。

40岁的王建平有些瘦弱单薄，文静而又腼腆。说起“心灵之约”信箱，她拿出了厚厚一摞信——

孩子说：“寒假我去了妈妈那儿……我很想她，常常一个人偷偷地哭。”王建平回信说：“每个人都要长大，要学会自己照顾自己……我愿意做你的临时妈妈，有什么事可以找我聊聊，跟我说说。”

孩子问：“我学习很差，英语才得了18分，我该怎么办?”王建平答：“停在铁轨上的火车头，只需在它的驱动轮前塞一块木板，它就无法动弹了；可一旦它开动起来时速达到100公里时，一堵30厘米厚的钢筋混凝土墙也能轻易被它撞穿。人的潜力和它一样，只要你行动起来，就没有跃不过的障碍。”

在谈到“心灵之约”信箱开设的缘由时，王建平讲了一个令人心酸的故事：2004年4月，在上厕所的过程中她无意间发现了一个秘密——由于不懂卫生常识，一些进入青春期的女孩子第一次来例假不知所措，竟然用废作业本来做卫生巾。看到这一幕，王建平的心被深深刺痛了。她想：这些正处在心理和生理突变时期的孩子该有多少困惑和迷茫啊，尤其是那些寄宿生和留守学生……作为教师，应该帮他们一把。王建平想到了“写信”这种交流方式。于是，在领导和同事们的支持下，她的“心灵之约”信箱创办了起来。

“刚开始给‘信箱’写信的学生并不多。我分析这可能是因为学生认为同老师谈的是个人私密，不好意思让别的同学知道。于是，我就让学生用化名写信，再将回信放在‘信箱’下面的窗台上由学生自己来取。果然，这样一来给‘信箱’写信的学生逐渐多了起来。”王建平说，“自那以后，我每周都要为学生回信几十封。”

2008 年春，上九年级的雪灵儿（化名），因与同学发生了矛盾同王建平开始书信交流。短短的 4 个月，她们共互通信 27 封。“现在想想当时也没什么特殊事儿，就是想和王老师多聊聊。”如今已是高中生的雪灵儿说，“不管什么事儿，好像只有同王老师说说我心里才踏实，因为在我们心目中她就是‘知心姐姐’。”

王建平不仅用细腻的笔触、真诚的言语通过“心灵之约”信箱来感动学生，她更以实实在在的行动谱写着爱的篇章。2004 年冬，通过“心灵之约”信箱了解到，因为没钱有两个孩子还没有棉衣，王建平立即拿出 300 元钱为他们购置了衣物。至于平时为孩子们买药、留孩子们吃饭这些事更是数不胜数。每每谈到这些，王建平总是谦虚地说：“其实这很平常，至于说次数多，可能是因为‘信箱’使我对孩子们的困难了解得更快、更多的原因吧。”

可是，没有人知道王建平为此付出有多少。据大略统计，7 年来她累计与学生通信近 6000 封，指导学生 2000 多人。这些工作都是她业余时间加班加点赶出来的。

孩子们是幸运的。正是因为有了王建平老师的“心灵之约”信箱，他们在青春的青涩道路上多了几分温馨。而王建平也收获颇丰：2010 年 6 月，王建平在中国文明网举办的“我推荐，我评议身边好人”活动中被评为中国好人榜“敬业奉献好人”。她还先后获得南阳市未成年人“三理”教育先进个人、邓州市敬业奉献模范等多项荣誉。

如今，学校专门为“心灵之约”安排了办公室，置办了电脑，还组建了“心灵之约”团队。现在，学校共有 15 位教师参与其中。他们又开办了“心灵之约”网站，学生可以通过给“心灵之约”信箱写信、利用“一日一省”笔记本记录、登录网站三种方式同老师交流。

前些天，王建平在网上与学生聊天时说自己空间里有些照片很漂亮，学生说已经转到自己空间了。王建平把孩子的空间打开一看不由得流泪了，只见孩子用鲜花把照片装扮一新，为自己的照片标注“天使老师”，在自己和儿子的合影上写着“妈妈、弟弟”。

信箱背后的“天使教师”王建平说：“孩子们称我为‘天使老师’，我很感动。我一定以‘天使’的身份要求自己，把‘心灵之约’信箱办得更好。”

（原载 2010 年 8 月 24 日《教育时报》，作者：张中锋、王延丽、田云满）

杨 潇

学生们的"猫姐姐"

"姐，现在来印度已经两个月了。刚来时非常不适应，但我一直告诫自己：要坚持，除了爸妈，还有'猫姐姐'等着我，我一定要坚持下去。现在我坚持下来了，一切都很好，姐姐不要挂念我。"中秋节时，今年到印度留学的万凯，不忘给他在黄淮学院上学时的辅导员打个电话，以免"猫姐姐"挂念。同时，和万凯一起在印度留学的李宇铮也给"猫姐姐"在QQ上留言，告诉姐姐自己已经有了女朋友了，是在黄淮学院最后一个学期发展的。那时候姐姐已经挺着大肚子，他没敢和姐姐说。

万凯和李宇铮说的"猫姐姐"，就是黄淮学院国际学院的专职辅导员杨潇。尽管他们已经是留学国外的学生了，可他们心里要是有什么事，总想和"猫姐姐"说，因为他们知道，"猫姐姐"总有办法替他们排忧解难。

2010年11月1日，记者采访杨潇时，她正忙着做开学迎新需要的版面。当记者问她为什么不等休完产假再忙工作时，她说："我早已经开始工作了，因为迎接新生是全年最忙的时候，我不愿意看着大家都在忙而我却置身事外。"

记者问杨潇学生为何管她叫"猫姐姐"时，她笑着告诉记者："我的QQ昵称是加菲猫，我的空间叫'加菲猫的安乐窝'。学生在空间留言都称我'猫姐姐'。"

杨潇是2007年8月进入黄淮学院成为一名专职辅导员的，分管了国际学院学生文体活动、全院学生社团活动、网络文明教育和宣传工作，并负责指导国际学院团总支开展各项工作。同时，她还带了国际学院三个专业班近200名学生。

作为一名高校专职辅导员，杨潇始终认为，要想很好地完成学生日常管理工作，首先应该做一个有人格魅力的老师，应该和学生成为朋友，让他们信任自己、喜欢自己，这样才能更好地了解他们的思想和需要，更好地为他们服务。于是，杨潇坚持下班级、下宿舍、下食堂。为了便于工作，她特意在宿舍楼申请了一间宿舍。这样，她每天就有了大量的时间跟学生接触、谈心，能够更好地了解他们最真实的学习、生活情况，及时帮助他们解决生活上、学习中出现的问题。

在平时的工作中，杨潇注意和学生们交流与沟通，除多找学生聊天、谈心外，QQ、手机短信、网络日志成为她和学生交流的“三大法宝”。她在班里建起了 QQ 群，把同学们都加进来，以方便一些不愿意和她当面交流的学生可以在 QQ 上跟她说说心里话。手机短信也成为她做学生思想工作的一个有力工具，课余时间经常利用短信跟学生互动。与此同时，她还在网上开通了 QQ 空间，经常把自己工作中的一些情况、对班级管理工作的一些认识和反思记录下来，学生也可以自由浏览。这样一来，学生对老师的日常工作有了更进一步的了解，明白了老师每天工作的内容、方法、强度，也更体谅了辅导员工作的艰辛与不易。

为保存第一手资料，杨潇坚持写工作日志，并将与学生的谈话记录、学生家长联系的情况、学生及学生家长在 QQ 上交流的情况、学生之间的手机短信记录保存下来。在近两年的时间里，她积累了近 10 万字的宝贵资料，既记录了班里的孩子们成长的轨迹，又为自己积累了翔实、丰富的工作资料。

学生小宇在上大学前性格过于内向，有自闭倾向，父母为此曾多方求医问药。进入大学后，杨潇及时发现了这个与众不同的学生，先是利用短信与其交流、沟通，渐渐打消他的顾虑，然后经常带他到家里吃饭、聊天，带他跟班里其他的同学接触，引导他融入到集体生活中去。经过近一年的时间，小宇有了明显的转变，性格变得开朗起来，能够正常地跟别人交流，同时也端正了学习态度，对生活、对人生都有了明确的目标。他的父亲打来电话向杨潇表示感谢，几乎泣不成声，直称杨潇是孩子的“贵人”，创造了他们不敢想象的“奇迹”。

通过不懈的努力，杨潇和学生建立了深厚的感情。在学生们的眼中，她不仅仅是他们的大学辅导员、班主任，还是他们的大姐姐、好朋友，不管是生活中还是学习上，甚至是感情中遇到的问题和困难，他们总是愿意跟她说一说聊一聊。现在，学生们都套用她在 QQ 上的昵称“加菲猫”，亲切地叫她“猫姐姐”。学生们还经常会去她的 QQ 空间留言，表达对“猫姐姐”的尊敬、关心、爱戴与支持。

天道酬勤，经过近两年时间的努力，杨潇所带的三个班每学期在全院的班级量化考评中都是名列第一，有两个班被分别评为“优秀班集体”、“优秀团支部”，有8名同学获得了国家励志奖学金，近20名同学一次通过英语四六级考试……这对于录取分数以300分为起点的学生群体来说，不能不说是巨大的进步。

由于成绩显著，杨潇被评为2008年度河南省大学生暑期“三下乡”活动先进个人。她说，在以后的辅导员工作中，自己会把学生当成天使，用全部的精力与真心，去做那位为天使缝补翅膀的人，让学生能够在自己的引领下飞得更高、飞得更远！

（原载2010年11月2日《教育时报》，作者：赵鑫）

杨丰国

山里的孩子更需要我

54 岁的杨丰国是淅川县西簧乡樟花沟小学唯一的教师。他原本可以调走，却一个人坚守了 36 年，把自己的青春、心血和汗水奉献给了他挚爱的山区教育事业。在 2010 年的淅川县劳动模范表彰大会上，杨丰国被授予南阳市五一劳动奖章。

松树崖是通往樟花沟小学的捷径，虽然坡陡、路滑又偏僻，但绕开这里，要多走三四公里的山路，于是，接送学生便成了杨丰国的“第二职业”。只要有课，这条路他每日必走两趟，日出时接学生下山，日落时再送学生上山。“从 1975 年当民办教师时起，有 36 个年头了。”杨丰国扳着指头对记者说。

由于樟花沟地处深山区，经济落后，留守儿童较多，且学生居住分散，上学比较困难。为解决离校远学生的上学困难，杨丰国亲自在学校为学生做饭，把学生的衣食住行全包下来。学生在校生病，他给他们买药、喂药。夏天洪水易发，他背着他们过沟过河送学生回家；冬天，大雪覆盖山沟，他背着小的、拉着大的，一步一个趔趄送学生回家。

2008 年 9 月的一天，由于连降大雨，河沟洪水滚滚，一直不退，隔河的 7 个孩子不能回家，杨丰国一直住在学校照顾这 7 个孩子整整 4 天 4 夜。夜晚他让学生睡在床上，自己睡在地上。洪水消退后，有 3 个孩子的爷爷、奶奶拄着拐杖跑到学校握着杨丰国的手感激地说：“你比孩子的亲生父母还亲，我们要感激你一辈子！”

2009 年 12 月，天降大雪，樟花沟村 5 组的一年级刘金义同学因病耽误了两天功课。杨丰国老师利用星期天翻山越岭到刘金义家中为他补课。在回家的途中，由于天晚再加上雪后路滑，杨丰国不慎从山上滚落了 10 多米，被树杈挡住才脱离危险，至今手上还留着伤疤。刘金义知道后特别感动，此后学习更加刻苦了，成绩直线上升，在2010年春季学区统考中取得了全学区一年级第二名的好成绩。在采访中，刘金义告诉记者："杨老师为我付出太多了，我非常感激他。我要好好学习，决心用优异的成绩来报答杨老师!"

在樟花沟小学，老师仅有杨丰国一人，学生有13名。3个年级的孩子，全围坐在一个教室，典型的复式班。杨丰国既是班主任又是任课老师，既教一、二年级又教学前班，讲罢语文课再讲数学课。学校条件差，一块拴在电线杆上的烂木板，就是"篮球板"了。砖砌的乒乓球台，垮掉半边。教室窗户没玻璃，一下大雨，雨水就会飘进屋里。还好学生不多，杨丰国就将课桌集中摆在教室中间。"樟花沟村又偏又穷，没老师愿意去。要不是杨老师守在那里，不少孩子就没学可上了。"西簧乡中心学校校长高丰臣说。

"杨老师是一个好'爸爸'。上次我头疼了，杨老师用手摸了摸我的额头，还看了我的舌苔，从课桌的抽屉里拿出药，碾成粉末喂我喝。后来我的头就不疼了。杨老师真好!"9岁学生徐丹的日记，满是感激之情。

低年级及离家远的孩子，中午无法回家，杨丰国总是自己掏钱买油盐酱醋，自己带菜，给学生们做午饭。"娃子上学带点面条，就不用操心午饭了。要不是杨老师，这还真成个难题。"二年级学生周欢欢的父亲周宝国说。

1998年，杨丰国从民办教师转成了公办教师。乡里想把他调入交通便利的学校，但他决意留在樟花沟："条件好的地方好老师多，不缺我一个，山里的孩子更需要我!"

36年来，杨丰国送走了500多名学生，已有71人走出了山村。他们中有公务员、教师、企业主管等。每逢春节，杨丰国总会收到厚厚一摞学生寄来的贺卡与信件。"是您，从ɑ、o、e开始教我读书识字；是您，用坚实的脊梁背着我走过春夏秋冬；是您，用自己的言行教会我做人的道理……"在广州白云机场工作的学生王建波在贺卡中写道。"学生就是无穷的动力，我会一直在这儿教下去。"杨丰国说。

"这是我18岁来学校时亲手栽的树，那时只有手指粗。"看着校门口两株碗口粗的柏树，头发已经花白的杨丰国欣慰地笑了。

采访过程中，杨丰国始终没有一句抱怨，也没有豪言壮语。但是，正是这位普普通通的山村教师，从年轻小伙到年过半百，以36年的坚守，给樟花沟一代代人带来了希望。也正是像杨丰国这样普普通通、踏踏实实的平常人，以平常之中的极强烈责任感，诠释了"国家基石"的深刻内涵。

（原载2010年11月16日《教育时报》，作者：尹永德、王炳双、孙立华）

侯宏业

先做益友，而后才能成为良师

从2010年11月14日结束的河南省第八届高等学校教师教育专业毕业生教学技能大赛上传来喜讯，郑州师范学院初等教育部参赛的4名选手不负众望，在强手如林的小学组决赛中均荣获一等奖。在接受记者采访时，郑州师范学院初等教育部副主任侯宏业的喜悦之情溢于言表："看到学生取得这么优异的成绩，作为辅导老师，我感到很欣慰。"

"在连续三届的毕业生教学技能大赛上，我们选派的学生都获得了一等奖。这一届，我们绝对不能给学院丢脸。"侯宏业说，"从上学期，我们就将此项工作明确纳入教学工作，并组织老师对集训选手从说课内容、语言表达、板书设计、仪表仪态、才艺展示等各个方面进行逐一辅导。"在集训的3个月里，除正常的教学工作外，指导教师利用课余时间加班加点培训参赛选手。有的老师甚至把学生带回家中辅导。"在此期间，所有辅导老师任劳任怨，没有任何人提出要求补助。因为大家都有着强烈的集体荣誉感和责任感。"侯宏业说。

作为系副主任，侯宏业一直兼任班主任工作。通过多年的工作实践，他总结出一套独具魅力的班主任工作方法。侯宏业告诉记者，大学生已经不同于中学生，他们不再局限于学习具体的课本知识，而应着力培养他们的思考能力、动手能力和社会实践能力，使他们具有尽快与社会接轨的能力。学校的所有教学活动，都应该为学生将来的就业作准备。基于这种考虑，新生一入学，侯宏业就要求学生精读一些经典作品。侯宏业解释说，让学生读跟专业有关的像韩愈的《师说》、荀子的《劝学》，目的是让他们明白学生和老师角色的变化。让学生从教的角度出发读杜牧的《阿房宫赋》、苏洵的《六国论》、贾谊的《过秦论》，使他们在深入学习这些文章的过程当中体会人生的道理，同时也可以认识到一个国家兴衰存亡的原因。在学生毕业考试的时候，系里把这五篇文章融入到试题之中，考查学生是否完成了这个任务，告诉他们应该明白什么道理，应该从中受到什么启发，也为自己将来的职业生涯规划作参考。

人们常说，教师应该成为学生的良师益友。对此，有23年教学生涯的侯宏业有着自己的理解。“在我看来，教师应该成为学生的良师益友这句话应该这样说：教师应该成为学生的益友良师。先做益友，而后才能成为良师，因为成为良师的前提是先成为学生的益友。”侯宏业说，“只有和学生成为益友，才能走进学生的心灵，才能准确把握学生的所想所思。也只有这样，才能做好学生工作。”说起和学生之间的故事，侯宏业就有说不完的话。他给记者讲述了三年前的一个故事。

学生小波（化名），家境殷实，家人对他也比较宠爱。开学不久，侯宏业发现小波的交际能力比较好，就让他做了班里的体育委员。然而随后几周小波的表现让他感到不解。他发现小波经常以各种理由请假上网，并且还有旷课、逃课的现象。在例行的周日班会上，小波还以各种理由搪塞，不愿意对侯宏业讲出实情。于是，侯宏业便跟小波周围的同学和家长交流，又找他谈心。原来，每逢周末都要回家的小波，上网聊天时结识了一名安阳女子。涉世不深的小波，感觉这个女子对自己的关爱不同于家人、老师和同学。慢慢地，小波就和这个女子陷入了网恋而不能自拔。后来，小波甚至从家里拿了些钱和这个女子到深圳去玩。短短的3个月时间，小波就在这个女子身上花费上万元。了解到这些情况后，侯宏业和家长认真细致地做工作，设身处地地和小波谈心，使小波慢慢地弄清了安阳女子的背景以及和他在一起的目的：这个女子已经成家并育有一子。好逸恶劳、贪图享乐的她了解到小波家庭条件比较好，所以通过小波满足她的物质上的需要。认清这名女子的真实面目后，小波恍然醒悟，最终跟她分手。

小波顺利毕业之后，跟侯宏业老师说了这样一句话：“老师，你在我人生的迷途上点亮了一盏明灯。”现在的小波事业有成，经营着一家汽车美容店和几家快捷酒店，并且已经组建了幸福的家庭。前不久，小波还带着妻子和孩子特意来看望自己昔日的恩师，并用自己的经历告诫师弟师妹们：一定要把握好自己，莫让美好的青春年华虚度。

“跟学生在一起是最快乐的。看到一届一届的学生成才，作为老师会有一种很大的成就感。”侯宏业自豪地说，“跟学生在一起，你就可以永远保持一个积极进取的年轻心态。”

（原载2010年11月19日《教育时报》，作者：赵鑫）

王成章

爱学生就要把学生培养成才

“马上就要过年了，王老师又要和我们一起聚会了。每当节日来临的时候，王老师都会尽可能抽时间和我们一起聚聚，我们总是能过一个欢乐的节日。他对待我们就像对待自己的孩子一样，时刻让我们感受到家庭般的温暖。”谈到河南农业大学的王成章老师，该校2006级学生刘阳动情地说。

王成章从教28年，做了28年的班主任，带出了一届又一届大学生。在学生眼里，他是“严师慈父”；在他带的团队成员眼里，他是“有难同当、有福同享”的“带头大哥”；在青年教师眼里，他是主心骨和知心人；而在他眼里，自己只是一名普通的教师，只是在教书育人。

作为班主任，他始终把学生的冷暖放在心上，做他们的知心朋友。他不仅指导学生学习，还帮助学生解决生活中的困难，让学生感受到慈父般的爱。有名学生患视网膜脱落，王成章热心帮助其联系医院，并亲自在医院护理，出院后又将这名学生接到自己家中休养；有名学生生病，王成章亲自给他熬了三个月的中药，直到这名学生身体痊愈；还有一名学生是孤儿，王成章知道后不仅在经济上给予帮助，还帮其找到了理想的工作……

28年来，王成章始终坚持在教学科研第一线。在教学上，为了做到理论与实践相结合，他利用启发式教学和互动式教学，使学生充分参与其中。为了加强实践课的效果，凡是能到田间进行的实验课，他都要带领学生到田间地头。例如，在讲授牧草形态和生育期观察、牧草杂交技术、野生牧草种质资源的收集等课程时，不论严寒还是酷暑，王成章总是在田间和野外现场上课，还与学生一起亲自动手采集标本、做实验。

“学农业的大学生、研究生要有理论基础，更要有动手能力，学会自己做事儿，就不会离成功太远。这是王老师教给我的成功法宝。”王成章教过的研究生胡喜峰，如今已是山东某集团公司高管，谈及当年王成章老师的教导依然充满了感激。

“那年夏天，王老师带着我和几个本科生到黄河渔场搞课题研究，天那么热，条件那么艰苦，可王老师身先士卒，到渔场指导我们做实验，还细致地安排了我们的生活。”胡喜峰说，“为了锻炼我们，王老师大胆放权，让我给本科生当‘老师’，什么事儿都是自己做。这不仅提高了我的自立和独立能力，也增强了我的自信心。”

“爱学生就要把学生培养成才，严师出高徒。”这是王成章经常挂在嘴边上的一句话。他把培养学生成才作为自己神圣的使命。熟悉他的人都知道，他对研究生的要求非常严格。对待学生，他是严在当严处、爱在细微中。他在研究生中坚持读书报告会制度，每周进行一次读书交流。他要求硕士研究生进入二年级时要至少发表一篇综述，毕业时要在国家级学报上至少发表一篇学术论文，并且每发表一篇论文都给予一定的奖励；每篇论文发表之前，他一般都要修改五六遍。王成章还十分注重让学生走出去开阔眼界，每次外出参加学术会议，都把学科组的青年教师和研究生带上。

为了充分利用时间进行科学研究，王成章每天总是早出晚归，中午、晚上在学生食堂吃饭，绝大多数时间都是在实验室度过的。在进行苜蓿秋眠性研究的过程中，由于学校没有合适的实验室，他就把自己从未住过的120平方米的新家当做实验室长达5年之久。而他一家三口却住在不足40平方米的小房子里。

近5年来，王成章相继主持了国家自然科学基金、国家农业科技成果转化和河南省重大科技攻关等多项国家和省部级科研课题，其中在光敏色素调控苜蓿秋眠的机理和牧草营养方面取得了重大进展。他因此被聘为国家“十一五”、“十二五”牧草产业技术体系岗位科学家。他主编了21世纪全国高等农业院校教材饲料学、饲料学实验指导和国家级教材饲料学。1999年，他被评为河南省省管优秀专家。2007年，他获“红旗渠”杯首届河南省群众喜爱的优秀农业专家荣誉称号。

由于教学效果显著，他还曾多次获得河南农业大学学生心目中的十大名师、校级教学名师、校“教书育人奖”等荣誉。

（原载2010年12月31日《教育时报》，作者：刘红雨）

孔祥鹏

援建的岁月艰苦而幸福

2008年10月，一则紧急通知从安阳市委、市政府发到市教育局，要求教育系统选派出一位得力同志，条件很苛刻：身体强健，会开车，会电脑，会摄影，会摄像，会写材料。原来，汶川特大地震发生后，按照上级部署，安阳市对口援建江油市含增镇、香水乡开展灾后恢复重建工作。这则通知正是为援建前线指挥部（简称“前指”）挑选“精兵强将”的。

经过精挑细选，安阳市第十一中学副校长孔祥鹏进入市教育局领导的视野。小伙子32岁，是篮球队的主力，开车是把老手，酷爱摆弄电器，什么电脑、照相机、摄像机都不在话下，平时也能写点东西。但一了解孔祥鹏的家庭情况，局领导又有些犹豫了。孔祥鹏的女儿还不到两岁，年逾花甲的父亲正在住院。但除了孔祥鹏确实没有更合适的人选。无奈之下，局领导只好抱着试试看的态度跟他谈了一次话。没想到，孔祥鹏二话没说就同意了。“作为一名共产党员，能够参与灾后重建工作，是我一生的光荣。我不会辜负大家对我的期望和嘱托，把安阳人民的关心和支持带到灾区，圆满完成这项光荣而艰巨的任务！”在市教育局举行的欢送会上，孔祥鹏坚定地说。

含增镇、香水乡地处唐家山堰塞湖泄洪通道两岸，地震后又遭到特大暴雨和洪灾袭击，境内山体滑坡，道路损毁，房屋大面积倒塌，基础设施破坏严重。“其实，从2008年11月第一次踏上含增镇、香水乡的土地，我和援建队员们便与‘含香’结下了不解之缘。”孔祥鹏说。

“前指”共有7个人，孔祥鹏是其中“职务”最多的，身兼司机、宣传、文秘、厨师等数职于一身。含增镇、香水乡共有17个行政村103个村民小组，孔祥鹏开着车跑遍了这里的每一个角落。“前指”配备的一辆新车就像它的车牌“豫EYJ365（援建365）”所昭示的一样，几乎每天不停地跑，两年行驶了

7 万多公里，将近绕地球赤道跑两圈。为了搞好宣传和文秘工作，两年间，孔祥鹏拍摄图片 4000 多幅，撰写各类文字材料 600 多份 30 多万字。

作为教育工作者，孔祥鹏自然对援建中的教育项目特别关注。含增镇学校宿舍楼在地震中受损。为了解决师生的住宿问题，该校宿舍楼被确定为第一批重点援建项目。该项目总投资 400 万元，于 2009 年 1 月开始动工兴建。作为“前指”确定的该项目的联系人，孔祥鹏定期到工地查看工程进度和安全质量。大年初二，当人们合家团圆、欢度佳节的时候，孔祥鹏一大早便来到工地上查看施工进度。隔夜的薄冰加上大雾，使他不慎从 8 米多高的脚手架上摔落下来，磕掉了两颗门牙……经过几个月的紧张施工，宿舍楼于当年 9 月建成投入使用。

“听说那里余震非常频繁，你们在那里不害怕吗?”记者问。“你说的没错，两年间我们经历了 3 万多次余震，其中 4 级以上的余震几乎每周都有。要说不害怕那是假的。你看看这几幅图片，这就是我们的‘前指’，墙上的裂缝一道一道的。刚开始也是提心吊胆的，时间长了自然就习惯了。”指着自己拍摄的一幅幅图片，孔祥鹏话锋一转，“不过，就是在这样艰苦的条件下，两年来，安阳市在含增镇和香水乡援建项目 16 个，总投资 4440 多万元，成为河南省第三个提前完成对口援建任务的城市。”说到这儿，孔祥鹏一脸的自豪。

物质援建是基础，精神援建同样不可或缺。2009 年 8 月，应安阳市政府的邀请，含增镇和香水乡的 50 多名教师来到安阳交流学习。为了让老师们远在他乡也能有“回家”的感觉，身为“全陪”的孔祥鹏跑遍安阳的川菜馆，终于找到一位江油籍的厨师，并和他一起细心地拟订了菜谱。当一盘盘地道的家乡菜端上桌时，老师们用阵阵的欢呼和掌声来表达内心的欣喜和感谢。回忆起当时的那一幕，孔祥鹏依然沉浸在幸福之中。

孔祥鹏说：“援建的岁月是艰苦的也是幸福的，因为我们在感动灾区人民的同时，灾区人民也默默地感动着我们每一个援建队员。”有一次他的车熄火在一处陡坡上，进退两难。正在他一筹莫展之时，附近的村民闻讯后立即赶了过来，20 多个村民硬生生地把车抬下了山。而最令他感动的是，这些村民大多是一些留守的妇女和老人。当他向他们表示感谢时，一位村民说：“你们远离家乡、抛妻别子，无私地帮助我们，我们这样做还不是应该的吗?”

2010 年 8 月，孔祥鹏被授予“江油荣誉市民”、“河南省对口援建江油市灾后恢复重建先进个人”……“两年的援建工作，抚平的是伤痛，重塑的是希望。虽然我现在回到了安阳，但我的心还一直牵挂着‘含香’，祝愿她的明天更加美好，希望她永远明媚动人、笑靥如花!”孔祥鹏说。

（原载 2011 年 2 月 18 日《教育时报》，作者：陈伟民）

吴龙生

我要坚守到退休的那一天

“学校虽然只有我一名教师，但我也要让五星红旗在校园上空高高飘扬。”近日，面对记者的采访，光山县文殊乡壮山小学教师吴龙生这句淡定的话让人为之动容。

在光山县龙山水库库区内，有一个离县城20多公里路、被当地人称之为鸟不生蛋的地方。吴龙生，一位59岁的汉子，为了库区的孩子，在这里坚守了几十年。这个教学点只有10来名学生，仅吴龙生一名教师，教师是他，教导主任是他，校长还是他。

由于光山县文殊乡壮山小学位置偏僻，学生越来越少。光山县教体局在布局调整时也曾想把学校撤了，但这儿离周围学校都太远，学生上学不方便，因此保留了一个教学点。别的教师都不愿意在这儿待，即使来了也要想方设法调走。唯有吴龙生在这儿一待就是几十年。亲友都劝他申请离开。可吴龙生语重心长地说：“我是土生土长的壮山村人，村里的孩子要上学，连我也走了，谁来管这些孩子呀!”

吴龙生其实完全有理由调离：他家在县城，离学校20多公里路；儿女在外边打拼出了一片天地，家里条件优厚。可年近退休的吴龙生仍然坚守着。他每天早晨骑着摩托车从县城到学校上课，中午自带饭菜，在学校将就吃一顿；下午又骑摩托车返回县城，一天行程40多公里。无论是刮风还是下雨，也不管是酷暑还是严冬，吴龙生都是准时到校。长期骑摩托车，吴龙生患了严重的风湿性关节炎，一到冬天就疼得手脚抬不起来。

大爱往往在不经意间。吴龙生把满腔的爱放在孩子的成长上，他对学生关爱胜似子女。这里青壮年劳力大多外出务工，学校的孩子绝大部分是留守儿童。吴龙生不仅要教好书，还要为孩子生活琐事和心理健康操心。学生辍学了，他一次又一次家访，反复做家长的思想工作；学生病了，他掏钱给学生看；下雨天学生没带伞，他把伞让给学生，自己却被淋个透湿……

几十年来，吴龙生早来晚走，从不耽误孩子上课。他老伴儿告诉记者，前年自己做手术，吴龙生把远在广州上班的女儿叫回来护理，却没有耽误学生一节课。乡中心校的领导还记得，有一次，吴龙生的肚子上长毒疮，腹部肿大，连穿衣都很困难。他强忍剧痛，坚持到校上课。乡中心校领导来检查工作方才得知情况，忙找来医生给他医治。当他脱下衣服时，胀大如水桶般粗的腹部让全场的人都惊呆了。当医生给他清理脓液时，吴龙生痛得昏了过去。但他稍事休息后又直奔课堂。

有一次，劳累一天的吴龙生骑着摩托车下班回家，走到半路时被一辆无牌车撞出7米多远，顿时口鼻流血，昏死过去。经医生抢救，三天后才苏醒过来，他第一句话说的竟是："我没去上课，学生怎么办啊?"家人担心的是他生命安全，他担心的竟然是学生。他的话让在场的乡中心校领导及亲友无不潸然泪下。身体刚有好转，吴龙生就坚持给学生上课，一边忙家务，一边顾学生，过度的操劳让他变得十分脆弱。一次正在给学生辅导时，他眼前一黑腿一软，就晕倒在教室里。学生们七手八脚把他抬进办公室。然而他苏醒后，又顽强地站在讲台之上。

吴龙生的老伴儿担心他这么大的年纪还整天风里来雨里去，又骑车走这么远的路实在不安全，再说她在商场一个人经营农产品确实忙不过来。于是，她就给中心校领导打电话，请求把吴龙生调到一个离家近一点的学校。可在中心校领导找到吴龙生谈调动的时候，吴龙生断然拒绝。他说："领导是不是对我工作不满意。我对这里的一草一木、一桌一椅都有感情，离开这里我会很寂寞、很孤独、很不开心。"

在壮山小学，吴龙生一待就是40年，他见证了壮山小学的兴与衰。尽管是在教学点，吴龙生仍然认真备课、写教案，仔细批改作业，及时辅导学生，一切都做得一丝不苟。乡里有教研活动，他想办法参加，平时还借来教改书籍研读，以提高自己的水平。他利用空余时间整理校园，让校园干净整洁。他说："我是一名党员，既然投身于教育，就要为教育奉献一生。教育是我命，校园是我家，校容是我脸。学生是上帝，安全大于天；时间是保证，质量是关键；工作做得好，是我出发点；群众能满意，理得心也安。"

付出终有回报。吴龙生多次获得县、乡奖励。但最让他开心的是，逢年过节，山里走出的孩子寄回的祝福纷至沓来，吴老师说这是他此生最大的幸福。

老骥伏枥，志在千里。59岁的吴龙生仍然有一颗炽热的心。他说："虽然身体不好，我也要克服千难万苦。在这儿，我要坚守到退休的那一天。"

（原载2010年4月12日《教育时报》，作者：陈骁勇、徐刚）

皇甫鸿昌

52年，只为鲜艳的红领巾

2010年六一儿童节前夕，河南省委书记卢展工得知全国十佳少先队志愿辅导员、河南省少先队工作学会副会长皇甫鸿昌从事少先队事业52年的事迹后，作出了重要批示："代我向这位为少先队事业奋斗52年的老同志问好，感谢他矢志不渝52年的坚持、坚守、坚定、坚强。"这下子，皇甫鸿昌老师又成了大忙人：他要参加"河南省少先队辅导员先进事迹报告会"，还要出席郑州"红领巾心向党"主题队日活动，忙着给全国30多个"英雄中队"的队员们写祝贺六一的慰问信，还惦记着开封市盲哑学校聋哑生的特殊入队仪式，给孩子们送去节日的礼物……

开封市少工委于近日发出了向全国十佳少先队志愿辅导员皇甫鸿昌学习的倡议，皇甫鸿昌又一次成了名人……

几经联系，记者终于在6月9日上午见到了皇甫鸿昌老师。皇甫鸿昌老师虽然双腿残疾行动不便，但一谈起少先队却滔滔不绝，仿佛有说不完的话，浑身充满了激情和力量。

皇甫鸿昌15岁在河南大学附中上高中时，就担任了初中部的少先队辅导员。此后他先后担任过少先队中队辅导员、大队辅导员、总辅导员，在少先队一干就是52年，红领巾一戴就是52年。皇甫鸿昌5次参加全国少代会，16次进人民大会堂领奖，还被选为第五届全国青联委员，多次受到党和国家领导人的亲切接见。他觉得自己就是为少先队而生的，只有干少先队工作才能使生命充满活力，只有干少先队工作才能使生活过得幸福和快乐。

2004年7月，皇甫鸿昌从开封市教科所所长岗位上退休后，便受聘担任了省内外30多所中小学校的少先队志愿辅导员。因为双腿行动不方便，他大部分时间在家"办公"，家里也变成了"少先队科研站"、"辅导员培训站"、

“小记者活动站”。退休7年来，他用自己的退休金购买了2万多元的红领巾和少先队活动用品、辅导员用书，与省内外80多所学校的少先队员和辅导员开展了少先队“手拉手”赠送活动，向全国“英雄中队”赠送少先队活动用书，向革命老区辅导员赠送《辅导员》杂志，尽自己所能，表达一个老少先队工作者对星星火炬事业的赤诚之心。

“少先队辅导员要有甘为人梯的精神。”皇甫鸿昌是这样说的，也是这样做的。皇甫鸿昌曾经5次担任河南省少先队辅导员培训班的总辅导员，为辅导员和一线教师作报告380多场，听众有18万多人次。他还带领了二十几名“少先队研究生”进行课题研究，坚持对他们教授辅导员艺术，延续少先队精神，传递红领巾情怀，促进他们整体素质的提高。这些年轻的辅导员勤奋努力，进步很快，有的人撰写的论文在全国队报队刊上发表，有的人参加了全国大型少先队工具书的编写，有的人被评为全国和省优秀少先队辅导员，还有的荣获了全国五四青年奖章。

敢争第一、不断创新是皇甫鸿昌从事少先队事业的最大特点。他在全省第一个恢复少先队组织；和当地驻军一起创办了“红领巾军事学习营地”，使开封成为“少年军校”的发祥地；在全省第一个创办了“家长学校”；在全国第一个提出少先队教育社会化课题研究；在全省首创了少先队科研协作会；主编了全国“英雄中队”创建56年来第一本研究“英雄中队”的理论专著……

皇甫鸿昌在主编《光荣的英雄中队》过程中，有这样一组数字：8，60，100，60000，25000000。这些看来枯燥的数字，表达的是皇甫鸿昌的一种信念、一种坚持、一种关爱。8，是指对《光荣的英雄中队》编写提纲的修改次数。60，是他访问过的英模人物数。100，是他采访联系的“英雄中队”数字。60000，是他考察革命圣地和纪念地行程公里数。25000000，是主编《光荣的英雄中队》过程中他所查阅资料的总数字。

《光荣的英雄中队》一书出版后，团中央《辅导员》杂志社总编柯英表示：皇甫老师用心血和汗水总结了创建“英雄中队”的经验和成果，用残疾的双腿丈量出“英雄中队”的发展轨迹。

（原载2011年6月17日《教育时报》，作者：张松林）

后记

以“三平精神”宣传“三平精神”

鲜花盛开在教师节

2010年9月8日上午，在第26个教师节到来之际，河南省庆祝第26个教师节暨教育系统“学三平精神，做三平教师”师德教育主题报告会在省人民会堂隆重举行。河南省委副书记、省委组织部部长叶冬松，省人大常委会副主任储亚平，省政府副省长徐济超，省政协副主席袁祖亮，到报告会现场与广大师生共同欢度节日。

时任中共河南省委高校工委书记、河南省教育厅厅长的蒋笃运在致辞中讲道：“百年大计，教育为本。教育大计，教师为本。人们把教师比喻为园丁、比喻为人梯、比喻为红烛、比喻为春蚕，充分展示了社会对教师道德形象的高度礼赞，是对教师在人才培养、社会进步中的重要作用的充分肯定。教师是太阳底下最神圣的职业，教师是人类灵魂的工程师，所以在教育的改革发展中，在人类社会的进步中，广大教师发挥了十分重要的作用。河南教育事业的发展，推动了河南由一个文盲半文盲的大省向教育大省、向人力资源强省的跨越，也为河南经济社会的发展奠定了坚实的人才基础和智力支撑。在这一工作的过程中，全省的教师作出了十分重大的贡献。我代表省委高校工委、省教育厅向全省辛勤工作在各级各类教育岗位上的老师们和教育工作者表示崇高的敬意和节日的祝贺，向长期以来关心、支持教育事业改革发展的各级领导和社会各界的朋友们表示衷心的感谢！”

在报告会上，当省领导把芬芳的鲜花和大红证书颁发给10位身披绶带、胸佩大红花的全省中小学师德标兵时，全场掌声雷动。省人力资源和社会保障厅的表彰决定中指出，这些先进教师身上集中体现了学为人师、行为世范、默默耕耘、无私奉献的高尚精神，为广大教师树立了榜样。决定号召全省广大教师和教育工作者以受表彰的中小学师德标兵和师德先进个人为榜样，大力弘扬“三平精神”，进一步加强师德修养，不断提高自身综合素质，努力争做学生爱戴、人民满意的教师，为实现中原崛起和河南振兴作出新的更大贡献。

掌声献给“三平教师”

来自汝阳县山区小学的青年教师李佩佩，作为师德标兵代表进行了汇报演讲。这位在汝阳县山区小学工作整整8年的青年女教师，把自己的学生当做孩子，用自己的爱心帮助每一位学生成长，为山区教育奉献了自己的青春。当李佩佩讲到“19岁的我就成了一个9岁孩子的妈妈”时，全场响起了热烈掌声。

刚刚被教育部评为“全国教书育人楷模”的林州市横水镇卸甲平村小学王生英老师，因为正在北京参加国家的教师节表彰活动不能来到现场，而在报告会现场，来自郑州市第一中学的刘哲老师，声情并茂地作了题为《为中原崛起奠基》的演讲，讲述了王生英老师的动人事迹。王生英老师拖着残腿10年以家为校、20多年以校为家的动人事迹，让现场的很多师生都感动得流下了热泪。

根据2009年“感动中国”十大年度人物之一、淮阳县许湾乡希望小学校长李灵的真实事迹改编的音乐情景剧《心灵放歌》，再现了李灵因孩子没有课外书而到郑州高价收购图书的情景。郑州师范学院和郑州第一零二中学的舞蹈演员们，通过完美的舞蹈艺术把李灵收书过程中顶风冒雨的真实经历，生动地展现在了观众面前，赢得了阵阵掌声。而李灵的出场，则把报告会推向了高潮。

李灵在汇报演讲中告诉大家：“我能够荣幸地被评选为2009年‘感动中国’十大年度人物之一，不是我感动了大家，而是众多好心人的善举感动了我。”李灵还介绍道，在各级领导的殷切关怀和社会各界的无私援助下，学校占地15亩的新校园准备开工建设。3名周口师范学院毕业生不嫌条件差、待遇低主动来支教，为学校带来了崭新的教学理念。现在，学校的500多名学生每天都健康快乐地学习着、生活着。

在河南省委高校工委、河南省教育厅的指导下，这次主题报告会由河南教育报刊社承办，教育时报社组织编排了一系列精彩的节目，从不同的侧面反映了河南教师的风采。郑州幼儿师范学校表演的大型舞蹈《桃李万千》以恢弘的气势拉开了整场报告会的序幕。“她心里装的全是我们的健康成长，连睡梦里都是我们拔节的身影。”由河南省实验小学少先队员们献上的节日献辞《老师，向您致敬》，道出了全省2700多万学生对教师的热情赞颂。河南师范大学的歌舞《你可知道》表达了人民教师对伟大祖国的拳拳之心、无限忠诚。诗朗诵《教师赞美诗》热情歌颂了我省近年来涌现出的师德典型孙阳吉、吴玲、李松山、王生英、杜广云、孙晨等把一切都献给教育的无私奉献精神。

“一切，一切，全部都给你……”大合唱《一切都给你》响起，深情的歌声把全场感动的气氛推向了高潮。

潮起自那个春日

恐怕河南教育系统的每一个教职工都能感到，学习实践“三平精神”的热潮正无时无刻不在我们的身边涌动。不过，未必每个人都清楚地知道，这股热潮的潮头，源自2010年3月那个值得我们永远铭记的春日。

全国两会期间，3月3日下午，河南省委书记、省人大常委会主任卢展工在河南进京务工人员座谈会上，提出了最能体现河南人特点的“三平精神”：平凡之中的伟大追求、平静之中的满腔热血、平常之中的极强烈责任感。

在电视上看到新闻的时候，教育时报社总编辑刘肖正在濮阳出差。他当时的第一个感受，虽然“三平精神”是卢书记对进京务工人员提的，可用在人民教师身上是何等的贴切，可以说简直就是对广大默默无闻、无私奉献的教师们说的。刘肖当即给新闻部主任侯军锋打电话，商量这可以作为我们今后相当长时间里宣传的主题。

3月12日，《教育时报》在报眼的醒目位置刊发消息：《卢展工盛赞河南人“三平精神”》。那是个周五，紧接着，新闻部的同志们放弃了双休日的休息，紧锣密鼓地约稿、组版，并于3月16日也就是接下来一期的《教育时报》上，以笔谈的形式推出了专版《弘扬“三平精神”为中原崛起提供智力支持》，邀请我省教育系统的专家，深入探讨“三平精神”对我省教育改革发展尤其是教师队伍建设的重大意义。随后，《教育时报》又提出了“三平教师”的概念，并于3月19日开始，在一版倒头题位置开设了《我们身边的“三平教师”》栏目，连续刊发我省教师的先进事迹。

就这样，凭着“政治家办报”的敏感，凭着为教育科学发展鼓与呼的责任感，“三平精神”主题报道在《教育时报》大张旗鼓而又有条不紊地展开了。

省委书记批示了

2010年3月中旬到4月中旬，《教育时报》以一期一位教师的频率推出河南优秀教师群体，在全省教育系统引起了强烈反响。更让我们没有想到的是，4月22日，卢展工书记对《教育时报》的“三平精神”主题报道作出了重要批示：“教师是一个崇高的职业，这种崇高就是体现在‘三平精神’之中。《教育时报》能够从‘三平精神’切入，开展对教师这个群体的宣传，以利于教育事业的发展和教育对中原崛起的支撑与基础作用的发挥，希望能够持续下去。”

多数人都知道，卢书记的工作作风一向低调、质朴。而他在就任河南省委书记不久，就对《教育时报》这样一张专业报作出长达近百字的批示，应该说是非常难得的。

紧接着，省委常委、宣传部部长、副省长孔玉芳批示：“请将卢展工书记批示转教育时报社。希望认真学习，落实卢书记批示，弘扬主旋律，打好主动仗，为教育事业的发展和提升，为河南振兴、中原崛起发挥作用。”

主抓教育的副省长徐济超批示：“展工书记的批示是对我省教育媒体准确地把握主流、及时弘扬引领的充分肯定。看到这个批示和系列报道非常高兴。惊天动地的事业是在千千万万个‘平’字中凝聚而成的。今天的教育领域更需要奠定‘三平’的思想基础，更需要弘扬‘三平’的职业精神。全省教育要深入开展‘三平精神’的学习和实践。”

蒋笃运厅长批示：“希望教育时报社再接再厉，把这项工作做得更好！”

把省委书记的批示落到实处

《教育时报》很快就召开时报编务会，学习领会、贯彻落实卢展工书记的重要批示精神。大家都很振奋，毕竟这是《教育时报》创刊20多年来所策划的报道第一次得到省委书记的批示，省、厅领导如此密集的批示也是前所未有的。学习的过程中，大家还有一个共识：省委书记的批示不仅仅是对时报工作的肯定，更是对我们河南教育报刊社工作的肯定，甚至可以说是新任书记对全省教育工作的重视和肯定。

我们当即给蒋笃运厅长发短信提出对他进行专访。不久，蒋厅长打过来电话，说他一天都在开会，上午在厅里，下午在黄河迎宾馆。听说最近的一期报纸第二天就要出版，蒋厅长当即同意我们的思路，赶在这期报纸上表明要在全省教育系统广泛开展“三平精神”学习教育活动的积极态度。蒋厅长当时还在黄河迎宾馆。会后，他连晚饭都来不及吃，就赶回厅里，接受时报记者的采访。从教育厅出来已经晚上七八点了，我们才开始写稿、编辑、发稿、校对，一直忙到次日凌晨3点才签字付印。

对蒋厅长的专访于2010年4月27日在《教育时报》头版头条刊出，题目是《让“三平精神”在广大教师身上得到最充分的体现》，蒋厅长说，他前一个周五在省委见到卢书记，卢书记主动和他提及《教育时报》关于“三平教师”的报道，并且说：“我觉得‘三平精神’在教师身上体现得最充分了。”这样，卢书记批示后的第一期《教育时报》的头版，报眼是卢书记批示的消息，头题是对蒋厅长的专访，同时配发评论员文章，应该说舆论氛围营造得还是比较充分的。5月14日，这篇专访又以《人民教师要有平凡之中的伟大追求——河南省教育厅厅长蒋笃运谈加强师德师风建设》为题在《中国教育报》一版的倒头题位置刊出。

此后不久，河南省委高校工委、河南省教育厅党组发出《关于在全省教育系统开展“三平精神”学习教育活动的通知》。因为《教育时报》的报道而推动省教育厅一项重大活动的开展，这是前所未有的事情。与此同时，一年一度的全省教育系统师德主题教育活动也同步启动，主题就来自《教育时报》评论员文章的标题——《学“三平精神”，做“三平教师”》。

正如卢书记所说，教育是中原崛起的基础和支撑。中原要崛起，首先教育要崛起，尽早实现河南从教育大省向教育强省的转变。在采访中，蒋厅长对于我们的报道计划和工作思路十分肯定，并对《教育时报》把自己定位于“中原教育崛起的发言人”表示充分认可。他表示：“《教育时报》的工作历来做得积极主动，希望能够坚持下去，真正起到‘中原教育崛起发言人’的作用。”

一切才刚刚开始

《我们身边的“三平教师”》栏目连续推出河南一线的优秀教师典型，“学三平精神，做三平教师”师德主题征文得到了全省教师的积极参与，师德演讲比赛整体展现了河南教师的良好精神风貌。由《教育时报》首次承办的2010年全省教师节“学三平精神，做三平教师”师德教育主题报告会在河南省人民会堂隆重举行，精心提炼的师德报告中穿插着精心创编的节目，产生了撼人心魄的力量，得到省、厅领导的高度评价，更激起在场逾千师生的强烈共鸣。2011年，中国共产党成立90周年，《教育时报》又推出了《我们身边的“三平党员”》栏目，进一步将“三平精神”的学习活动引向深入。

卢展工书记在提出“三平精神”的时候还说：“有追求就有创造，有激情就有梦想，有责任就能树立形象，我们中原崛起很需要这种精神。”宣传“三平精神”，要求我们新闻工作者首先具有“三平精神”。因而，对于“三平精神”的学习和实践，无疑是我们长期的努力方向和实际行动。试想，在平凡、平静、平常的日子里，如果没有伟大的追求、满腔的热血和极强烈的责任感，《教育时报》如何能够承担起“中原教育崛起发言人”的重任呢？

“三平精神”不仅是新形势下河南经济社会发展的实际需要，也是教育改革发展的指南针，更是对每个教育工作者的激励和鞭策。本书的结集出版是河南省教育系统一年多来深入学习、实践“三平精神”的经验总结，更是《教育时报》在师德教育宣传方面的全新尝试。我们希望，广大教育工作者和教育新闻工作者全面深化对“三平精神”的学习，把握内涵，领会实质，把思想和行动统一到“三平精神”上来，真正做到“平凡之中的伟大追求，平静之中的满腔热情，平常之中的极强烈责任感”，不断提高认识水平，坚定发展的信心，着力培养造就大量的高素质人才，努力为教育科学发展营造良好的舆论氛围，为加快中原崛起提供强有力的人才支撑和智力支持。

回头看去，离那个春日已经有不短的路途；而眺望前程，我们清醒地认识到，其实，一切才刚刚开始。

编　者

2011年11月

出 版 人　所广一
项目统筹　闫　景
责任编辑　杨　巍
责任校对　曲凤玲
责任印制　曲凤玲

图书在版编目（CIP）数据

讲台高于一切／教育时报社编著．—北京：教育科学出版社，2011.12（2013.3 重印）
（中原教育崛起丛书／刘肖主编）
ISBN 978－7－5041－6122－2

Ⅰ．①讲…　Ⅱ．①教…　Ⅲ．①师德—文集
Ⅳ．①G451.6－53

中国版本图书馆 CIP 数据核字（2011）第 230160 号
图审字［2011］第 2076 号

中原教育崛起丛书
讲台高于一切
JIANGTAI GAOYU YIQIE

出版发行	教育科学出版社		
社　址	北京·朝阳区安慧北里安园甲 9 号	市场部电话	010－64989009
邮　编	100101	编辑部电话	010－64981265
传　真	010－64891796	网　址	http://www.esph.com.cn
经　销	各地新华书店		
制　作	北京金奥都图文制作中心		
印　刷	保定市中画美凯印刷有限公司	版　次	2011 年 12 月第 1 版
开　本	169 毫米×239 毫米　16 开	印　次	2013 年 3 月第 2 次印刷
印　张	13.75	印　数	5 001—8 000 册
字　数	226 千	定　价	25.00 元